MONIQUE DEHEINZELIN
DOUTORA EM EDUCAÇÃO PELA UNIVERSIDADE DE SÃO PAULO (USP).
PESQUISADORA, ESCRITORA E EDITORA, DEDICA-SE À EDUCAÇÃO INFANTIL.

PRISCILA MONTEIRO
MESTRE EM EDUCAÇÃO MATEMÁTICA PELA PONTIFÍCIA UNIVERSIDADE CATÓLICA (PUC−SP).
ASSESSORA PEDAGÓGICA DE ESCOLAS PARTICULARES E DE REDES PÚBLICAS DE ENSINO.

ANA FLÁVIA CASTANHO
MESTRE EM PSICOLOGIA ESCOLAR E DO DESENVOLVIMENTO HUMANO PELA
UNIVERSIDADE DE SÃO PAULO (USP).
ASSESSORA PEDAGÓGICA DE ESCOLAS PARTICULARES E DE REDES PÚBLICAS DE ENSINO.

BRINCAR COM A CRIANÇA

CB019530

EDUCAÇÃO INFANTIL | PRÉ-ESCOLA I

VOLUME
II

CRIANÇAS PEQUENAS DE **5 ANOS**

autêntica   1ª EDIÇÃO   BELO HORIZONTE | 2023

EDITORAS RESPONSÁVEIS
Rafaela Lamas
Rejane Dias

PESQUISA ICONOGRÁFICA
Ludymilla Borges

REVISÃO
Bruni Emanuele Fernandes
Cecília Martins
Mariana Faria

PROJETO GRÁFICO E CAPA
Diogo Droschi

PROJETO GRÁFICO E DIAGRAMAÇÃO
Larissa Carvalho Mazzoni

Dados Internacionais de Catalogação na Publicação (CIP)
(Câmara Brasileira do Livro, SP, Brasil)

Deheinzelin, Monique
Brincar com a criança : volume II : crianças pequenas de 5 anos / Monique Deheinzelin, Priscila Monteiro, Ana Flávia Castanho. -- 1. ed. -- Belo Horizonte : Autêntica, 2023. -- (Brincar com a criança ; II)

ISBN 978-65-88239-51-3

1. Educação infantil 2. Educação pré-escolar I. Monteiro, Priscila. II. Castanho, Ana Flávia. III. Título. IV. Série.

20-43780   CDD-372.21

Índices para catálogo sistemático:
1. Educação infantil 372.21
Cibele Maria Dias - Bibliotecária - CRB-8/9427

AUTÊNTICA EDITORA LTDA

Belo Horizonte
Rua Carlos Turner, 420
Silveira . 31140-520
Belo Horizonte . MG
Tel.: (55 31) 3465 4500

São Paulo
Av. Paulista, 2.073 . Conjunto Nacional
Horsa I . Sala 309 . Bela Vista
01311-940 . São Paulo . SP
Tel.: (55 11) 3034 4468

www.autenticaeditora.com.br
SAC: atendimentoleitor@grupoautentica.com.br

Este livro foi composto com tipografia Houschka Rounded e impresso em papel Offset 90 g/m² na Formato Artes Gráficas.

APRESENTAÇÃO

MENINAS E MENINOS DE TODO O BRASIL,

ESTE É UM LIVRO PARA APRENDER COM PALAVRAS, FIGURAS, HISTÓRIAS, MÚSICAS, JOGOS E BRINCADEIRAS.

NAS DUAS PÁGINAS A SEGUIR, VOCÊ VERÁ QUE SEU LIVRO TEM 8 UNIDADES. ESSE É O **SUMÁRIO**, QUE INDICA O TÍTULO E A PÁGINA ONDE COMEÇA CADA UNIDADE. E AO FINAL DE CADA **UNIDADE**, VOCÊ VERÁ UM **GLOSSÁRIO** QUE VAI AJUDAR VOCÊ A APRENDER AINDA MAIS.

O **LIVRO DA FAUNA** TEM INFORMAÇÕES SOBRE ANIMAIS QUE VIVEM EM VÁRIOS LUGARES DO BRASIL, COMO NA FLORESTA AMAZÔNICA, NO CERRADO, NO PANTANAL E NA MATA ATLÂNTICA. ALÉM DISSO, VOCÊ VAI DESCOBRIR COM QUE LETRA COMEÇA O NOME DE DIFERENTES ANIMAIS. VOCÊ SABIA QUE A **ONÇA-PINTADA** SÓ COME CARNE E GOSTA DE VIVER BEM PERTO DE RIOS E LAGOS? PARA SABER MAIS, PROCURE POR **23** 🐾, ISSO REPRESENTA A PÁGINA VINTE E TRÊS DE SEU LIVRO.

QUER SABER COMO, DEPOIS DE CAIR NA TOCA DO COELHO, **ALICE** CHEGOU A UMA SALA COMPRIDA E BAIXA, COM MUITAS PORTAS? PARA ENTRAR **NO PAÍS DAS MARAVILHAS**, ELA PRECISOU PASSAR POR UMA DELAS, QUE ERA BEM PEQUENA. ESSA HISTÓRIA ESTÁ EM **50** ⭐, A PÁGINA CINQUENTA DESTE LIVRO.

PARA JOGAR **LAGOA DA TARTARUGA**, CONVIDE TRÊS AMIGOS E VÁ PARA A PÁGINA **74** 🏀, NA **UNIDADE 4 – JOGOS**.

JÁ PARA CONSTRUIR O JOGO **SUPERCARTA ÁRVORES DO BRASIL**, VOCÊ VAI PRECISAR SABER MAIS SOBRE AS ÁRVORES E DESENHÁ-LAS. O PROJETO **INVESTIGAR ÁRVORES** COMEÇA NA PÁGINA NOVENTA E DOIS, OU SEJA, **92** 🌳.

PARA BRINCAR E RECORTAR, VÁ PARA OS **ANEXOS**, QUE ESTÃO NA PÁGINA **156** ✂, BEM AO FINAL DESTE LIVRO.

CADA ATIVIDADE DO LIVRO FOI ESCRITA COM LETRAS E NÚMEROS PARA VOCÊ BRINCAR E APRENDER. BOA SORTE!

 **AS AUTORAS**

SUMÁRIO

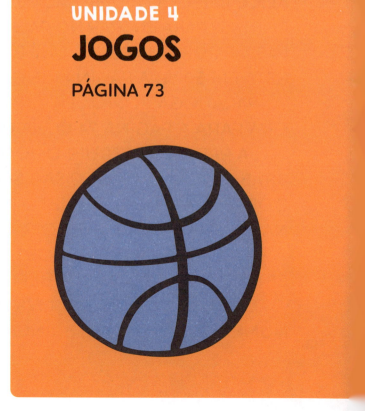

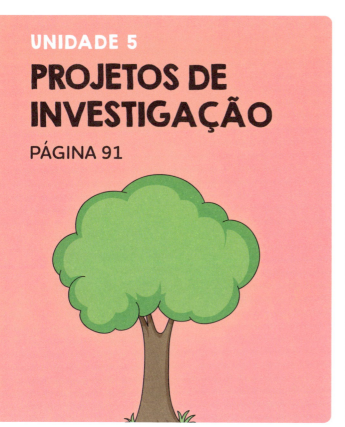
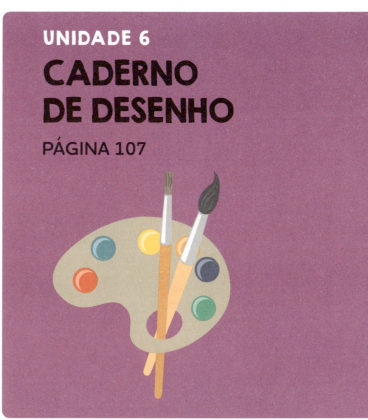

UNIDADE
1

LIVRO DA FAUNA

SUMÁRIO

NO LIVRO DA FAUNA VOCÊ VAI CONHECER MUITOS ANIMAIS DO BRASIL E PODERÁ DESCOBRIR O TAMANHO DELES, ONDE VIVEM E O QUE COMEM. ALGUMAS PÁGINAS TÊM UMA FICHA TÉCNICA PARA VOCÊ PREENCHER JUNTO COM A TURMA. BOA PESQUISA!

ACARI
CACAJAO CALVUS RUBICUNDUS

O ACARI, TAMBÉM CHAMADO UACARI-BRANCO OU MACACO-INGLÊS, É UMA ESPÉCIE QUE CHAMA ATENÇÃO PELO SEU CORPO COBERTO POR UMA PELAGEM AVERMELHADA OU AMARELA E PELO SEU ROSTO QUASE SEM PELOS. MORADOR DA FLORESTA AMAZÔNICA, ELE MEDE CERCA DE 57 CENTÍMETROS E PESA ENTRE 3 E 4 QUILOS. VIVE NOS GALHOS MAIS ALTOS DAS ÁRVORES, E RARAMENTE DESCE PARA O CHÃO. O ACARI GOSTA DE ESTAR EM GRUPO E ACORDA CEDO PARA SE ALIMENTAR, GERALMENTE DE FRUTOS, CASCAS DE ÁRVORES E INSETOS.

ARIRANHA
PTERONURA BRASILIENSIS

NO PANTANAL E NO RIO AMAZONAS VIVE A ARIRANHA. EM TUPI-GUARANI, SEU NOME SIGNIFICA "ONÇA D'ÁGUA". ESSA ESPÉCIE DE MAMÍFERO PREFERE AMBIENTES COM ÁGUAS CALMAS, PASSANDO PARTE DO TEMPO NA TERRA E PARTE NA ÁGUA.

AS ARIRANHAS SÃO ÓTIMAS NADADORAS, E SE ALIMENTAM PRINCIPALMENTE DE PEIXES. O CORPO COMPRIDO, CERCA DE 180 CENTÍMETROS DE COMPRIMENTO, É COBERTO POR PELOS GROSSOS E AVELUDADOS. ELAS GOSTAM DE VIVER EM GRUPO, E SÃO ANIMAIS MONOGÂMICOS, OU SEJA, ESCOLHEM UM COMPANHEIRO PARA TODA A VIDA.

ARIRANHA E ACARI SÃO NOMES QUE COMEÇAM COM A **LETRA A**.

VEJA OUTROS JEITOS DE ESCREVER A **LETRA A**:

A a A a

BOTO-COR-DE-ROSA
INIA GEOFFRENSIS

● **FICHA TÉCNICA**

PESO:

TAMANHO:

O QUE COME:

O BOTO-COR-DE-ROSA, OU BOTO-ROSA, É O MAIOR GOLFINHO DE ÁGUA DOCE, PODE MEDIR ATÉ 220 CENTÍMETROS. ESSA ESPÉCIE VIVE NOS RIOS AMAZONAS, SOLIMÕES E ARAGUAIA, QUE FAZEM PARTE DA REGIÃO DA FLORESTA AMAZÔNICA. MESMO PESANDO ATÉ 220 QUILOS, ELES TÊM UM CORPO FLEXÍVEL E ÁGIL, O QUE OS AJUDA A DESVIAR DE OBSTÁCULOS E A CAPTURAR SUAS PRESAS, QUE SÃO PEIXES, MOLUSCOS E CRUSTÁCEOS.

ESSA ESPÉCIE GOSTA DE VIVER EM GRUPOS PEQUENOS, E A MAIORIA VIVE EM PARES – GERALMENTE, A FÊMEA E SEU FILHOTE. O BOTO-COR-DE-ROSA É, TAMBÉM, PERSONAGEM DE UMA CONHECIDA LENDA DO FOLCLORE BRASILEIRO.

BOTO-COR-DE-ROSA É UM NOME QUE COMEÇA COM A **LETRA B**.

VEJA OUTROS JEITOS DE ESCREVER A **LETRA B**:

B b B b

CERVO-DO-PANTANAL
BLASTOCERUS DICHOTOMUS

ESTE MAMÍFERO COM UMA IMPONENTE GALHADA É O MAIOR CERVO DA AMÉRICA DO SUL. NO BRASIL, É ENCONTRADO NO PANTANAL. PODE PESAR CERCA DE 125 QUILOS, TEM PELOS AVERMELHADOS E PERNAS PRETAS. ALÉM DISSO, SUAS PATAS TÊM CASCOS ESPECIAIS, POIS ELE GOSTA DE ENTRAR NA ÁGUA.

SUA ALIMENTAÇÃO É HERBÍVORA, COMPOSTA PRINCIPALMENTE POR PLANTAS AQUÁTICAS, LEGUMES E ARBUSTOS. O CERVO-DO-PANTANAL É SOLITÁRIO E TEM HÁBITOS DIURNOS NO SEU HABITAT NATURAL.

CUÍCA-VERDADEIRA
GRACILINANUS AGILIS

ESTE É UM ANIMAL QUE PODE SER ENCONTRADO NA MATA ATLÂNTICA BRASILEIRA. ELE PERTENCE À MESMA CLASSE DE MAMÍFEROS DOS GAMBÁS, CANGURUS E COALAS: OS MARSUPIAIS. PESA MENOS DE 1 QUILO, MEDE CERCA DE 30 CENTÍMETROS E POSSUI PELOS CURTOS, DE COR CINZA, ALÉM DE UMA CAUDA COMPRIDA E MARCAS AMARELAS ACIMA DOS OLHOS. TEM HÁBITOS NOTURNOS E GOSTA DE CONSTRUIR SEU NINHO NO SOLO OU NOS RAMOS DAS ÁRVORES. ALIMENTA-SE TANTO DE FRUTAS E VEGETAIS QUANTO DE PEQUENOS ANIMAIS.

CERVO-DO-PANTANAL E CUÍCA-VERDADEIRA SÃO NOMES QUE COMEÇAM COM A **LETRA C**.

VEJA OUTROS JEITOS DE ESCREVER A **LETRA C**:

C   c   C   ᴄ

DONINHA-AMAZÔNICA
MUSTELA AFRICANA

● **FICHA TÉCNICA**

PESO:

TAMANHO:

O QUE COME:

A DONINHA-AMAZÔNICA FAZ PARTE DA MESMA FAMÍLIA DE ANIMAIS COMO LONTRAS, TEXUGOS E OUTRAS DONINHAS. ESSES BICHOS SE ALIMENTAM DE PEQUENOS ROEDORES E AVES.

A DONINHA-AMAZÔNICA MEDE 50 CENTÍMETROS E PESA CERCA DE 540 GRAMAS, TEM PELOS CASTANHOS NAS COSTAS E BRANCOS NA BARRIGA.

O CORPO DESTE ANIMAL É ALONGADO, E AS PATAS TÊM UM TIPO DE PELE ENTRE OS DEDOS, QUE O AJUDA NA HORA DE NADAR NOS RIOS. ELE TEM HÁBITOS DIURNOS E NOTURNOS E SE DÁ BEM TANTO EM AMBIENTES ÚMIDOS QUANTO EM FLORESTAS SECAS E ABERTAS.

DONINHA-AMAZÔNICA É UM NOME QUE COMEÇA COM A **LETRA D**.
VEJA OUTROS JEITOS DE ESCREVER A **LETRA D**:

D d D d

EMA
RHEA AMERICANA

MEDINDO ATÉ 170 CENTÍMETROS, A MAIOR AVE DO BRASIL TEM GRANDES ASAS QUE, DE TÃO PESADAS, IMPEDEM QUE ELA VOE. ENTRETANTO, ESSAS PARENTES DOS AVESTRUZES, POR POSSUÍREM PERNAS FORTES E LONGAS, SÃO ÓTIMAS CORREDORAS. VIVEM EM GRANDES GRUPOS E SE ALIMENTAM DE PLANTAS, FRUTAS E SEMENTES, ALÉM DE ANIMAIS PEQUENOS, COMO INSETOS, LAGARTOS E PEIXES. TAMBÉM PODEM SER ENCONTRADAS EM OUTROS PAÍSES DA AMÉRICA DO SUL, COMO ARGENTINA, PARAGUAI E URUGUAI.

ESCORPIÃO-DO-NORDESTE
TITYUS STIGMURUS

O ESCORPIÃO É UMA DAS ESPÉCIES MAIS ANTIGAS DO PLANETA TERRA. O CORPO DESTE ANIMAL PEQUENO É REVESTIDO POR UMA ESTRUTURA DURA E MUITO RESISTENTE. ELES TÊM UMA CAUDA LONGA, QUE É MUITO PERIGOSA, PORQUE CONTÉM VENENO.

ELES PODEM SOBREVIVER EM TEMPERATURAS MUITO DIFERENTES, DESDE AS MAIS FRIAS ATÉ AS MAIS QUENTES, E TÊM O HÁBITO DE SAIR À NOITE PARA SE ALIMENTAR E SE REPRODUZIR. OS ESCORPIÕES COMEM OUTROS INSETOS E ATÉ MESMO ANIMAIS DE PEQUENO PORTE, COMO PÁSSAROS E RATOS.

EMA E ESCORPIÃO SÃO NOMES QUE COMEÇAM COM A **LETRA E**.

VEJA OUTROS JEITOS DE ESCREVER A **LETRA E**:

E   e   Ɛ   ℓ

FIM-FIM
EUPHONIA CHLOROTICA

● **FICHA TÉCNICA**

PESO:

TAMANHO:

O QUE COME:

TAMBÉM CHAMADO DE VEM-VEM, É UMA ESPÉCIE DE PASSARINHO ENCONTRADA NOS SEIS BIOMAS BRASILEIROS E EM VÁRIOS PAÍSES DA AMÉRICA DO SUL. SEU NOME VEIO DO SOM QUE ELE REPRODUZ AO CANTAR. GOSTA DE SE MOVIMENTAR SEMPRE PELAS COPAS DAS ÁRVORES E SE ALIMENTA DE FRUTOS. AO FIM DAS REFEIÇÕES, ELIMINA NO SOLO AS SEMENTES DAS FRUTAS, SEM ESTRAGÁ-LAS, COLABORANDO COM O NASCIMENTO DE NOVAS ÁRVORES NAS FLORESTAS. O FIM-FIM TEM PENAS DAS CORES VERDE, AZUL, AMARELO E BRANCO E CABE NA PALMA DA MÃO: MEDE CERCA DE 9 CENTÍMETROS E PESA MENOS DE 10 GRAMAS.

FIM-FIM É UM NOME QUE COMEÇA COM A **LETRA F**.

VEJA OUTROS JEITOS DE ESCREVER A **LETRA F**:

F   f   ℱ   ƒ

GARÇA-DA-CAATINGA
ARDEA ALBA

A GARÇA-DA-CAATINGA É UMA AVE QUE PODE SER ENCONTRADA EM TODO O BRASIL. MEDINDO EM MÉDIA 90 CENTÍMETROS E PESANDO CERCA DE 1.500 GRAMAS, ELA TEM O BICO COMPRIDO E AMARELO, O CORPO COMPLETAMENTE BRANCO E PERNAS PRETAS. É UM ANIMAL MUITO ELEGANTE, INTELIGENTE E MANSO. QUANDO CAÇA, SE MOVE LENTAMENTE, PÉ ANTE PÉ, ATÉ SE APROXIMAR DA PRESA E CAPTURÁ-LA. GOSTA DE SE ALIMENTAR DE PEIXES E OUTROS ANIMAIS QUE VIVEM EM ÁGUA DOCE, COMO ANFÍBIOS.

GATO-PALHEIRO
ONCIFELIS COLOCOLO

É UM FELINO PEQUENO QUE VIVE EM FLORESTAS ABERTAS, COM POUCAS ÁRVORES E CAPIM ALTO. É ENCONTRADO PRINCIPALMENTE NAS REGIÕES DO PANTANAL, NO BRASIL, E NAS ÁREAS ANDINAS DO PERU. TEM ORELHAS PONTIAGUDAS E PELOS LONGOS QUE PODEM SER VERMELHOS, ALARANJADOS OU ACINZENTADOS, E SE PARECE COM NOSSOS GATOS DE ESTIMAÇÃO. GOSTA DE SAIR AO CAIR DA NOITE E SE ALIMENTA DE INSETOS, PEQUENOS MAMÍFEROS E AVES.

GARÇA-DA-CAATINGA E GATO-PALHEIRO SÃO NOMES QUE COMEÇAM COM A **LETRA G**.

VEJA OUTROS JEITOS DE ESCREVER A **LETRA G**:

G g G g

HARPIA
HARPIA HARPYJA

● **FICHA TÉCNICA**

PESO:

TAMANHO:

O QUE COME:

A HARPIA É UMA DAS MAIORES AVES DE RAPINA DO MUNDO. ISSO SIGNIFICA QUE ELA TEM VISÃO DE LONGO ALCANCE, GARRAS MUITO FORTES E UM BICO PONTIAGUDO, PODENDO COMER OUTROS ANIMAIS, COMO MACACOS E PREGUIÇAS. CARACTERIZADA PELA COR CINZENTA E POR UMA CRISTA DE PENAS LARGAS, ELA PESA CERCA DE 12 QUILOS E CHEGA A QUASE 100 CENTÍMETROS DE ALTURA.

AS HARPIAS VIVEM PRINCIPALMENTE NAS FLORESTAS TROPICAIS, PODENDO SER ENCONTRADAS NA AMAZÔNIA, NO BRASIL. COSTUMAM FAZER SEUS NINHOS EM ÁRVORES MUITO ALTAS E SE UNEM A PARCEIROS POR TODA A VIDA.

HARPIA É UM NOME QUE COMEÇA COM A **LETRA H**.

VEJA OUTROS JEITOS DE ESCREVER A **LETRA H**:

H h H h

IGUANARA
PROCYON CANCRIVORUS

TAMBÉM CONHECIDA COMO MÃO-PELADA, É UM TIPO DE GUAXINIM QUE PODE SER ENCONTRADO EM TODAS AS FLORESTAS BRASILEIRAS: PANTANAL, CERRADO, MATA ATLÂNTICA, AMAZÔNIA, CAATINGA E PAMPAS. POSSUI TAMANHO MÉDIO E É RECONHECIDA POR SUA CAUDA LISTRADA, CORPO CINZA E ROSTO ESBRANQUIÇADO COM MARCAS PRETAS AO REDOR DOS OLHOS. TEM HÁBITOS NOTURNOS E VIVE SOZINHA, PERTO DE REGIÕES COM ÁGUA, PORQUE SE ALIMENTA DE PEIXES, ANFÍBIOS E FRUTOS.

INHAMBU
CRYPTURELLUS PARVIROSTRIS

O INHAMBU, TAMBÉM CONHECIDO COMO INHAMBU-CHORORÓ OU XORORÓ, É UMA AVE PEQUENA ENCONTRADA EM REGIÕES DO BRASIL, PERU, ARGENTINA E PARAGUAI. ELE MEDE CERCA DE 19 CENTÍMETROS E TEM PENAS DAS CORES CINZA E MARROM.

ESSA AVE É CONHECIDA PELO SEU CANTO, QUE É UMA SEQUÊNCIA DE NOTAS DECRESCENTES. ELE CANTA AO AMANHECER E AO ENTARDECER. ALIMENTA-SE DE SEMENTES E INSETOS. ALÉM DISSO, SE REPRODUZ COM FACILIDADE: AS FÊMEAS COLOCAM DE 4 A 5 OVOS POR VEZ E, DENTRO DE 20 DIAS, NASCEM NOVOS INHAMBUS.

IGUANARA E INHAMBU SÃO NOMES QUE COMEÇAM COM A **LETRA I**.
VEJA OUTROS JEITOS DE ESCREVER A **LETRA I**:

I i ℐ i

JAGUATIRICA
LEOPARDUS PARDALIS

● **FICHA TÉCNICA**

PESO:

TAMANHO:

O QUE COME:

A JAGUATIRICA É UM FELINO QUE MEDE APROXIMADAMENTE 100 CENTÍMETROS, É O TERCEIRO MAIOR MAMÍFERO DO CONTINENTE. ALIMENTA-SE DE ROEDORES, RÉPTEIS E AVES, E SE PARECE COM A ONÇA-PINTADA POR CAUSA DE SEU PELO COM MANCHAS AMARELAS E PRETAS. A JAGUATIRICA É UM ANIMAL SOLITÁRIO E VIVE NAS FLORESTAS. PODE PESAR ATÉ 20 QUILOS, ESCALA ÁRVORES E TAMBÉM SABE NADAR. GOSTA DE SAIR TANTO DURANTE O DIA QUANTO À NOITE. E É UMA ESPÉCIE CARNÍVORA.

JAGUATIRICA É UM NOME QUE COMEÇA COM A **LETRA J**.
VEJA OUTROS JEITOS DE ESCREVER A **LETRA J**:

J   j   𝒥   𝒿

LOBINHO-DO-PANTANAL
CERDOCYON THOUS

CONHECIDO TAMBÉM COMO CACHORRO-DO-MATO OU RAPOSINHA, O LOBINHO-DO-PANTANAL É PARENTE DO LOBO-GUARÁ E PODE SER ENCONTRADO POR TODA A AMÉRICA DO SUL. ELE É PEQUENO, COM 65 CENTÍMETROS DE COMPRIMENTO, E PESA ATÉ 8 QUILOS.

É UMA ESPÉCIE QUE CAÇA SEUS ALIMENTOS SOZINHA, POSSUI MAIOR ATIVIDADE DURANTE A NOITE E SE ALIMENTA TANTO DE VEGETAIS QUANTO DE ANIMAIS. TEM PELOS CINZA OU PRETOS E ORELHAS ARREDONDADAS, E MORA DENTRO DE ÁRVORES OCAS OU TOCAS.

LOBO-GUARÁ
CHRYSOCYON BRACHYURUS

É UM ANIMAL TÍPICO DA FAUNA DO CERRADO BRASILEIRO. FACILMENTE IDENTIFICADO POR SEU CORPO DE COR MARROM-ALARANJADA E PELAS PERNAS LONGAS COBERTAS DE PELOS PRETOS. NA NUCA, TEM UMA CRINA QUE CHAMA A ATENÇÃO. O LOBO-GUARÁ MEDE 115 CENTÍMETROS DE COMPRIMENTO, SUA ESPÉCIE COME TANTO FRUTOS QUANTO ANIMAIS E TEM O IMPORTANTE PAPEL DE ESPALHAR SEMENTES NA FLORESTA ENQUANTO SE ALIMENTA. GOSTA DE SAIR TANTO PELA MANHÃ QUANTO À NOITE, PREFERINDO TEMPERATURAS AMENAS.

LOBINHO-DO-PANTANAL E LOBO-GUARÁ SÃO NOMES QUE COMEÇAM COM A **LETRA L**.

VEJA OUTROS JEITOS DE ESCREVER A **LETRA L**:

L l L l

MACACO-ARANHA
ATELES MARGINATUS

● **FICHA TÉCNICA**

PESO:

TAMANHO:

O QUE COME:

O MACACO-ARANHA É UM PRIMATA MAGRICELA E BARRIGUDO QUE VIVE NA REGIÃO AMAZÔNICA BRASILEIRA. ELE É GRANDE E MUITO ÁGIL, CONHECIDO POR SE MOVIMENTAR PELAS ÁRVORES USANDO SUA LONGA CAUDA COMO UM QUINTO MEMBRO.

PESANDO CERCA DE 6 QUILOS E COM ATÉ 66 CENTÍMETROS DE COMPRIMENTO, FORA A CAUDA, QUE É MAIOR QUE O CORPO, ELES VIVEM EM BANDOS E QUASE NÃO DESCEM DAS ÁRVORES. GOSTAM DE COMER FRUTAS, SEMENTES, BROTOS E FOLHAS, ALÉM DE INSETOS E OVOS.

MACACO-ARANHA É UM NOME QUE COMEÇA COM A **LETRA M**.
VEJA OUTROS JEITOS DE ESCREVER A **LETRA M**:

M m ℳ ᶆ

NÚTRIA-VERDADEIRA
MYOCASTOR COYPUS

● **FICHA TÉCNICA**

PESO:

TAMANHO:

O QUE COME:

O ROEDOR CONHECIDO COMO NÚTRIA-VERDADEIRA, CAXINGUI OU RATÃO D'ÁGUA É UM ANIMAL PEQUENO QUE VIVE NA MARGEM DE RIOS E LAGOAS. ELE É ENCONTRADO EM GRANDE PARTE DA AMÉRICA DO SUL, E, NO BRASIL, PRINCIPALMENTE NA REGIÃO ENTRE OS ESTADOS DE SÃO PAULO E DO RIO GRANDE DO SUL.

ELE NADA MUITO BEM E SE ALIMENTA DE PLANTAS AQUÁTICAS, GRÃOS E PEIXES. MAS NÃO É BOM MERGULHADOR E CAMINHA DEVAGAR. TEM PELOS CASTANHOS E CAUDA LONGA E GROSSA, PESA ATÉ 9 QUILOS E PODE MEDIR ATÉ 100 CENTÍMETROS. CONSTRÓI NINHOS COM PEDAÇOS DE ÁRVORES DENTRO DE TOCAS PARA CUIDAR DOS SEUS FILHOTES.

NÚTRIA-VERDADEIRA É UM NOME QUE COMEÇA COM A **LETRA N**.

VEJA OUTROS JEITOS DE ESCREVER A **LETRA N**:

N n ᴫ m

ONÇA-PARDA
PUMA CONCOLOR

A ONÇA-PARDA, TAMBÉM CONHECIDA COMO PUMA, É O SEGUNDO MAIOR FELINO DAS AMÉRICAS. ELA PODE SER ENCONTRADA EM VÁRIAS REGIÕES E CLIMAS DIFERENTES, DO CANADÁ ATÉ O CHILE. COM PELOS MARRONS E CINZA E BARRIGA BRANCA, É UM ANIMAL QUE MEDE ATÉ 150 CENTÍMETROS E PESA ATÉ 70 QUILOS. GOSTA DE DESCANSAR DURANTE O DIA E É MAIS ATIVA AO ANOITECER. É UMA ESPÉCIE CARNÍVORA E CAÇA SEUS ALIMENTOS DE FORMA SOLITÁRIA. AS ONÇAS-PARDAS VIVEM CERCA DE 9 ANOS NA NATUREZA SELVAGEM.

ONÇA-PINTADA
PANTHERA ONCA PALUSTRIS

ESTE É O TERCEIRO MAIOR FELINO DO MUNDO E O MAIOR DAS AMÉRICAS. TÍPICO DAS FLORESTAS TROPICAIS COMO A AMAZÔNICA, ESTE ANIMAL PODE MEDIR ATÉ 185 CENTÍMETROS E PESAR ATÉ 158 QUILOS. COMO O PRÓPRIO NOME INDICA, É CONHECIDA POR SEU PELO, COM UM PADRÃO DE MANCHAS PRETAS E AMARELADAS. SOLITÁRIA, GOSTA DE SAIR PARA CAÇAR AO ANOITECER. SÓ COME CARNE E GOSTA DE VIVER PRÓXIMA A RIOS E LAGOS. AS ONÇAS-PINTADAS TÊM TERRITÓRIOS GRANDES E PERCORREM LONGAS DISTÂNCIAS.

ONÇA-PARDA E ONÇA-PINTADA SÃO NOMES QUE COMEÇAM COM A **LETRA O.**

VEJA OUTROS JEITOS DE ESCREVER A **LETRA O**:

O o O ๏

PAPAGAIO-DE-CARA-ROXA
AMAZONA BRASILIENSIS

● **FICHA TÉCNICA**

PESO:

TAMANHO:

O QUE COME:

A ESPÉCIE PAPAGAIO-DE-CARA-ROXA É ENCONTRADA NOS ESTADOS BRASILEIROS DO RIO GRANDE DO SUL, PARANÁ E SÃO PAULO. ESTE PAPAGAIO É RECONHECIDO PELAS SUAS PENAS MULTICOLORIDAS, QUE SÃO VERDES NO CORPO E ROXAS, AZUIS E VERMELHAS NA CABEÇA.

É UMA AVE QUE SE ALIMENTA DE LARVAS, INSETOS E FRUTAS. CONSTRÓI SEUS NINHOS EM ÁRVORES ALTAS, NORMALMENTE EM PALMEIRAS, E TEM PREFERÊNCIA PELAS REGIÕES DE MATA ATLÂNTICA. O PAPAGAIO-DE-CARA-ROXA PESA CERCA DE 400 GRAMAS E PODE MEDIR ATÉ 36 CENTÍMETROS.

PAPAGAIO-DE-CARA-ROXA É UM NOME QUE COMEÇA COM A **LETRA P**.

VEJA OUTROS JEITOS DE ESCREVER A **LETRA P**:

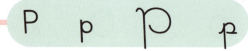

QUATI
NASUA NASUA

O QUATI É UM MAMÍFERO PEQUENO, PARENTE DO GUAXINIM, EMBORA CONTE COM UM NARIZ MAIS COMPRIDO E UM CORPO MAIOR. ELE GOSTA DE ESCALAR ÁRVORES, E O FORMATO DAS SUAS PATAS O AJUDA BASTANTE NESSA TAREFA. PODE SER ENCONTRADO EM VÁRIAS REGIÕES DAS AMÉRICAS. ELE É ONÍVORO, OU SEJA, SE ALIMENTA DE VEGETAIS E OUTROS ANIMAIS E TEM HÁBITOS DIURNOS. NÃO GOSTA DE ÁGUA, MAS SABE NADAR SEM DIFICULDADES. DORME NO TOPO DAS ÁRVORES, ENROLADO COMO UMA BOLINHA.

QUERO-QUERO
VANELLUS CHILENSIS

O QUERO-QUERO, TAMBÉM CHAMADO DE TETÉU OU TERÉM-TERÉM, É UM PASSARINHO MUITO PRESENTE NA AMÉRICA DO SUL E EM ALGUMAS REGIÕES DA AMÉRICA CENTRAL. É UMA AVE COMPRIDA, MEDINDO CERCA DE 37 CENTÍMETROS, TEM PELOS CINZENTOS E OLHOS E PERNAS VERMELHOS. O QUERO-QUERO FAZ PARTE DA CULTURA POPULAR E JÁ FOI CITADO EM DIVERSAS LENDAS, CONTOS E MÚSICAS. SEU CANTO PODE SER INTERPRETADO COMO UM ALARME, POIS ELE É SEMPRE O PRIMEIRO A AVISAR SOBRE INTRUSOS ONDE ESTIVER.

QUATI E QUERO-QUERO SÃO NOMES QUE COMEÇAM COM A **LETRA Q**.

VEJA OUTROS JEITOS DE ESCREVER A **LETRA Q**:

Q q Q q

RAPOSA-DO-CAMPO
LYCALOPEX VETULUS

● **FICHA TÉCNICA**

PESO:

TAMANHO:

O QUE COME:

A RAPOSA-DO-CAMPO, RAPOSA-BRASILEIRA, OU ATÉ MESMO GRAXAIM-DE-DENTES-PEQUENOS, É UM ANIMAL TÍPICO DO CERRADO. APESAR DO NOME, ELA NÃO É PARENTE DE OUTRAS RAPOSAS, MAS SIM DE ESPÉCIES DE CANÍDEOS, COMO O LOBO-GUARÁ.

ESTE ANIMAL PODE MEDIR ATÉ 100 CENTÍMETROS E PESAR ATÉ 8 QUILOS. SEUS PELOS SÃO CINZA E LARANJA, E ELE GOSTA MAIS DA VIDA NOTURNA, APESAR DE TAMBÉM SAIR DURANTE O DIA. É UM BICHO CARNÍVORO E SE ALIMENTA DE AVES, ROEDORES E INSETOS. TEM OS SENTIDOS MUITO APURADOS E PERCEBE TUDO O QUE ACONTECE AO SEU REDOR.

RAPOSA-DO-CAMPO É UM NOME QUE COMEÇA COM A **LETRA R**.

VEJA OUTROS JEITOS DE ESCREVER A **LETRA R**:

R r ℛ ɹ

SABIÁ-LARANJEIRA
TURDUS RUFIVENTRIS

O SABIÁ É A AVE-SÍMBOLO DO BRASIL. ESSE PASSARINHO PODE SER ENCONTRADO EM QUASE TODOS OS ESTADOS DO PAÍS E TAMBÉM NOS PAÍSES VIZINHOS. ELE É RECONHECIDO PELO SEU CANTO BONITO E, POR CAUSA DELE, JÁ FOI CITADO EM MUITAS MÚSICAS E POESIAS. ESSA ESPÉCIE TEM A PENUGEM MARROM, BICO AMARELO E OLHOS PRETOS, MEDINDO CERCA DE 23 CENTÍMETROS. É UM PASSARINHO TÍMIDO, MAS SE ADAPTA BEM EM MUITOS TIPOS DE AMBIENTES, PRECISANDO APENAS ESTAR PERTO DA ÁGUA. ALIMENTA-SE, PRINCIPALMENTE, DE INSETOS, LARVAS, MINHOCAS E FRUTAS.

SAPO-CURURU
RHINELLA MARINA

O SAPO-CURURU, OU SAPO-BOI, É UM ANFÍBIO NATIVO DAS AMÉRICAS. É UMA ESPÉCIE GRANDE DE SAPO, MEDINDO CERCA DE 15 CENTÍMETROS, E, ALÉM DISSO, ELE PODE INFLAR OS PULMÕES PARA PARECER MAIOR E CAUSAR MEDO EM SEUS PREDADORES. ELE POSSUI GLÂNDULAS DE VENENO PARA DEFESA, QUE LIBERAM SUBSTÂNCIAS QUE SÃO TÓXICAS PARA MUITOS ANIMAIS, INCLUSIVE PARA OS SERES HUMANOS. O SAPO-CURURU LOCALIZA SEUS ALIMENTOS PELO OLFATO E COME DE TUDO, DESDE PLANTAS ATÉ PEQUENOS ANIMAIS.

SABIÁ E SAPO-CURURU SÃO NOMES QUE COMEÇAM COM A **LETRA S**.

VEJA OUTROS JEITOS DE ESCREVER A **LETRA S**:

S   s   𝓢   ₰

TATU-BOLA
TOLYPEUTES TRICINCTUS

● **FICHA TÉCNICA**

PESO:

TAMANHO:

O QUE COME:

O TATU-BOLA É UMA ESPÉCIE DE TATU QUE PODE SER ENCONTRADA EM VÁRIOS PAÍSES DA AMÉRICA DO SUL. ELE TEM ESSE NOME PORQUE É CAPAZ DE SE ENROLAR DENTRO DA SUA PRÓPRIA CARAPAÇA, FICANDO NO FORMATO DE UMA BOLINHA. O TATU-BOLA ASSUME ESSA FORMA QUANDO PRECISA SE PROTEGER.

É UM ANIMAL NOTURNO E COME FORMIGAS, CUPINS, CASCAS E RAÍZES. ELE NÃO CAVA BURACOS COMO OUTROS TATUS, MAS SE ESCONDE EM TÚNEIS ABANDONADOS. O TATU-BOLA MEDE CERCA DE 30 CENTÍMETROS, PESA ATÉ 2 QUILOS E JÁ FOI SÍMBOLO DA COPA DO MUNDO DO BRASIL.

TATU-BOLA É UM NOME QUE COMEÇA COM A **LETRA T**.

VEJA OUTROS JEITOS DE ESCREVER A **LETRA T**:

T t ℐ t

UIRAPURU
CYPHORHINUS ARADA

O UIRAPURU É UM PASSARINHO NATIVO DA AMÉRICA DO SUL, TÍPICO DAS FLORESTAS ÚMIDAS, PRINCIPALMENTE DA AMAZÔNIA. SUAS PENAS SÃO DE COR AVERMELHADA E SUA CABEÇA TEM DESENHOS BRANCOS E PRETOS. É UMA AVE QUE SE ALIMENTA DE INSETOS E FRUTAS, E GOSTA DE VIVER PERTO DO SOLO. ELA É MUITO CONHECIDA PELO SEU CANTO BONITO. O FOLCLORE DO NORTE DO BRASIL DIZ QUE OS OUTROS PÁSSAROS PARAM DE CANTAR PARA ESCUTAR SUA MELODIA, QUE SE PARECE COM O SOM DE UMA FLAUTA. ASSIM COMO O SABIÁ, TAMBÉM INSPIROU MÚSICOS E POETAS.

URUBU-REI
SARCORAMPHUS PAPA

O URUBU-REI É O MAIOR URUBU DO BRASIL. ESSA AVE, QUE ESTÁ EM TODO O TERRITÓRIO DO PAÍS E TAMBÉM DOS PAÍSES VIZINHOS, TEM ESSE NOME POR SUA APARÊNCIA IMPONENTE E COLORIDA. ELE TEM O TRIPLO DO TAMANHO DE OUTRAS ESPÉCIES, MEDINDO CERCA DE 85 CENTÍMETROS. É UM ANIMAL CARNÍVORO, MAS NÃO SE ALIMENTA DE ANIMAIS VIVOS, APENAS DE CARCAÇAS DOS QUE JÁ ESTÃO MORTOS. O URUBU-REI É DIURNO E DORME À NOITE EMPOLEIRADO NAS ÁRVORES. É SOCIÁVEL E SOLIDÁRIO COM OUTROS URUBUS.

UIRAPURU E URUBU-REI SÃO NOMES QUE COMEÇAM COM A **LETRA U**.

VEJA OUTROS JEITOS DE ESCREVER A **LETRA U**:

U   u   U   u

VEADO-CAMPEIRO
OZOTOCEROS BEZOARTICUS

PARENTE DE ALCES E CERVOS, O VEADO-CAMPEIRO TAMBÉM POSSUI EM SUA CABEÇA UMA GALHADA COM TRÊS PONTAS. TEM A PELAGEM MARROM E BRANCA, MEDE CERCA DE 100 CENTÍMETROS E PESA EM MÉDIA 35 QUILOS. É HERBÍVORO: COME PRINCIPALMENTE CAPIM E OUTRAS ESPÉCIES VEGETAIS, COMO O ALECRIM-DO-CAMPO. ENCONTRADO PRINCIPALMENTE NO PANTANAL, VIVE EM PEQUENOS GRUPOS E GOSTA DE SAIR DURANTE O DIA. É MUITO RÁPIDO, CONSEGUINDO ATÉ SALTAR PEQUENOS RIOS, EMBORA TAMBÉM POSSA ATRAVESSÁ-LOS NADANDO SEM DIFICULDADES.

VIUVINHA
COLONIA COLONUS

A VIUVINHA É UMA AVE QUE CHAMA ATENÇÃO POR TER UM CORPO PEQUENO E ACHATADO E UMA CAUDA MUITO COMPRIDA. SUAS PENAS SÃO ACINZENTADAS E O TOPO DE SUA CABEÇA É BRANCO. ESTE ANIMAL PODE SER ENCONTRADO EM CLAREIRAS E BORDAS DE FLORESTAS EM TODO O BRASIL E EM VÁRIOS OUTROS PAÍSES DA AMÉRICA DO SUL. GOSTA DE CONSTRUIR SEUS NINHOS NOS OCOS DAS ÁRVORES E SE ALIMENTA DE INSETOS QUE CAÇA FAZENDO VOOS ACROBÁTICOS. OS FILHOTES DA VIUVINHA SÓ SAEM DOS NINHOS QUANDO JÁ ESTÃO COM TODA A PENUGEM DE ADULTOS FORMADA.

VEADO-CAMPEIRO E VIUVINHA SÃO NOMES QUE COMEÇAM COM A **LETRA V**.

VEJA OUTROS JEITOS DE ESCREVER A **LETRA V**:

V v 𝒱 𝓋

XEXÉU
CACICUS CELA

● **FICHA TÉCNICA**

PESO:

TAMANHO:

O QUE COME:

O XEXÉU É UMA ESPÉCIE DE PASSARINHO MUITO CONHECIDA NO NORTE E NO CENTRO-OESTE DO BRASIL. ELE TEM OUTROS NOMES, COMO JAPIM, JOÃO-CONGUINHO E JAPUÍRA. SUAS PENAS TÊM CORES MARCANTES, COMO PRETO E AMARELO. ESTE ANIMAL MEDE CERCA DE 25 CENTÍMETROS E PESA APROXIMADAMENTE 98 GRAMAS. ALIMENTA-SE PRINCIPALMENTE DE FRUTOS E SEMENTES.

SEU CANTO É VARIADO E PODE, INCLUSIVE, IMITAR OS DE OUTROS ANIMAIS, COMO TUCANOS, PAPAGAIOS E ARIRANHAS. ESTA ESPÉCIE GOSTA DE VIVER EM ÁRVORES BAIXAS E NA VÁRZEA DAS FLORESTAS. O NINHO QUE CONSTRÓI TEM O FORMATO CURIOSO DE UMA BOLSA PENDURADA, FEITA COM FOLHAS E GRAVETOS.

XEXÉU É UM NOME QUE COMEÇA COM A **LETRA X**.

VEJA OUTROS JEITOS DE ESCREVER A **LETRA X**:

X   x   X   x

ZABELÊ
CRYPTURELLUS NOCTIVAGUS ZABELE

ZABELÊ, ZEBELÊ OU ZAMBELÊ: TODOS ESSES NOMES DENOMINAM ESTA AVE, QUE PODE SER ENCONTRADA NOS ESTADOS DE MINAS GERAIS E DA BAHIA, E ATÉ NOS DEMAIS ESTADOS DO NORDESTE DO BRASIL. É UM PÁSSARO PEQUENO E SEUS OVOS TÊM COR VERDE-ÁGUA. ESTA ESPÉCIE SE ALIMENTA PRINCIPALMENTE DE SEMENTES, FRUTAS PEQUENAS, INSETOS E ARTRÓPODES VARIADOS. É UMA AVE TÍPICA DA CAATINGA, E SEU CANTO TEM PIADOS FORTES, COM TRÊS A QUATRO NOTAS.

ZORRILHO
CONEPATUS CHINGA

O ZORRILHO É UM MAMÍFERO PEQUENO, COM PELAGEM ESPESSA PRETA E BRANCA E CAUDA PELUDA. ELE É CONFUNDIDO COM O GAMBÁ, MAS ELES SÃO DE FAMÍLIAS BEM DIFERENTES. ESSA CONFUSÃO SE DÁ PORQUE O ZORRILHO TEM GLÂNDULAS QUE ESGUICHAM UM LÍQUIDO TÓXICO E COM UM CHEIRO MUITO RUIM QUANDO ELE SE SENTE EM PERIGO.

ALÉM DESSA CARACTERÍSTICA DE DEFESA, ELE É UM ANIMAL SOLITÁRIO E NOTURNO QUE SE ALIMENTA PRINCIPALMENTE DE INSETOS, OVOS E FRUTAS. PODE SER ENCONTRADO NOS PAMPAS, EM VÁRIOS PAÍSES DA AMÉRICA DO SUL.

ZABELÊ E ZORRILHO SÃO NOMES QUE COMEÇAM COM A LETRA Z.

VEJA OUTROS JEITOS DE ESCREVER A LETRA Z:

Z   z

GLOSSÁRIO

MAMÍFEROS: EM SUA MAIORIA, POSSUEM O CORPO COBERTO POR PELOS. ANTES DE NASCER, SE FORMAM DENTRO DA BARRIGA DE SUAS MÃES E, DEPOIS QUE NASCEM, MAMAM O LEITE PRODUZIDO POR ELAS. NÓS, OS HUMANOS, FAZEMOS PARTE DESSE GRUPO.

AVES: POSSUEM PENAS E OSSOS LEVES, CARACTERÍSTICAS QUE PERMITEM O VOO PARA A GRANDE MAIORIA DAS AVES. SEUS FILHOTES SE FORMAM DENTRO DE OVOS, FORA DO CORPO DA MÃE. AS AVES POSSUEM BICOS DE FORMATOS VARIADOS, DE ACORDO COM O QUE COMEM.

RÉPTEIS: SÃO ANIMAIS DE PELE COM ESCAMAS DURAS. MESMO QUE OS ADULTOS PASSEM MUITO TEMPO NA ÁGUA, OS FILHOTES NASCEM DE OVOS QUE SÃO POSTOS NA TERRA. A MAIORIA POSSUI PATAS CURTAS, O QUE FAZ COM QUE RASTEJEM FORA DA ÁGUA.

ANFÍBIOS: SÃO ANIMAIS QUE PASSAM PARTE DA VIDA DENTRO DA ÁGUA E PARTE FORA DELA, MAS SEMPRE EM LUGARES ÚMIDOS. COLOCAM SEUS OVOS NA ÁGUA, ONDE SEUS FILHOTES CRESCEM ATÉ FICAREM ADULTOS, QUANDO JÁ PODEM VIVER FORA DELA.

PEIXES: VIVEM NA ÁGUA E NELA COLOCAM SEUS OVOS, DE ONDE NASCEM SEUS FILHOTES. PARA RESPIRAR, POSSUEM BRÂNQUIAS E, PARA SE MOVIMENTAR, POSSUEM NADADEIRAS. FORAM OS PRIMEIROS VERTEBRADOS DO PLANETA TERRA. VERTEBRADOS SÃO ANIMAIS QUE TÊM OSSOS.

UNI DUNI TÊ
SALAMÊ MINGUÊ
UM SORVETE COLORÊ
PRA VOCÊ LAMBÊ
O ESCOLHIDO FOI VOCÊ

UNIDADE

2

EU E VOCÊ

OI, EU SOU O ARTHUR.

QUANDO TINHA 5 ANOS, EU APRENDI A ESCREVER MEU NOME.

AO LONGO DO ANO, ESCREVI MEU NOME MUITAS VEZES. VEJA COMO MINHA ESCRITA MUDOU!

1

2

3

4

5

ESTA É UMA PÁGINA PARA VOCÊ ESCREVER SEU NOME AO LONGO DO ANO.

A PROFESSORA PODE AJUDAR VOCÊ A ANOTAR A DATA.

1 DATA:

2 DATA:

3 DATA:

4 DATA:

5 DATA:

VOCÊ GOSTOU DAS MINHAS ESCRITAS DE 5 ANOS?

HOJE, TENHO 28 ANOS. MUITOS AMIGOS ME CHAMAM DE MÉXICO OU MEXICANO. MAS EU NÃO SOU MEXICANO. EU NASCI EM SÃO PAULO, BRASIL, NO DIA 6 DE MAIO.

QUANDO EU ERA CRIANÇA NÃO GOSTAVA QUANDO MEU PRIMO ME CHAMAVA DE ATUM, PORQUE É O NOME DE UM PEIXE.

HOJE, ACHO QUE ELE NÃO CONSEGUIA FALAR MEU NOME DIREITO. E VOCÊ, CONSEGUE FALAR "ARTHUR"? SE NÃO CONSEGUIR, PODE ME CHAMAR DE ATUM MESMO.

PARA QUE VOCÊ E SUA TURMA POSSAM SE CONHECER MELHOR, CADA UM PODE CONTAR UM POUCO SOBRE SI MESMO. EM CASA, UM ADULTO PODE TE AJUDAR A ANOTAR ALGUMAS INFORMAÇÕES SOBRE VOCÊ, PARA DEPOIS VOCÊ COMPARTILHÁ-LAS COM OS COLEGAS.

MEU NOME

COMO EU GOSTO DE SER CHAMADO(A)

DIA EM QUE EU NASCI

ONDE EU NASCI

EU MORO NA CIDADE DE SALVADOR, NA RUA DA POESIA, NÚMERO 35. MORO COM MINHA MÃE IOLANDA, MEU IRMÃO JOÃO E MINHA IRMÃ ISABEL.

A FEIRA DE ITAPUÃ, SALVADOR, BAHIA.

VAMOS OBSERVAR UM POUCO MAIS SOBRE ONDE MORAMOS E COM QUEM, PARA COMPARTILHAR COM OS COLEGAS?

NOME DA MINHA RUA

NÚMERO DA CASA ONDE EU MORO

NOMES DAS PESSOAS QUE MORAM COMIGO

TENHO DOIS AMIGOS QUE MORAM NA MINHA RUA: O ISAÍAS E O RAFAEL.

ARTHUR
35

ISAÍAS
324

RAFAEL
10

MINHA RUA COMEÇA NUMA PRACINHA COM UMA GRANDE ÁRVORE.

ISAÍAS MORA NA CASA 324, RAFAEL, NA CASA 10, E EU, COMO VOCÊS JÁ SABEM, NA CASA 35.

VOCÊ JÁ SABE DE QUEM É CADA UMA DAS CASAS ABAIXO? COMPLETE COM OS NÚMEROS NAS PLACAS DAS CASAS.

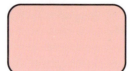

NO MEU CELULAR, TENHO UMA AGENDA COM OS TELEFONES DOS MEUS AMIGOS, DOS MEUS FAMILIARES E DE ALGUNS LUGARES IMPORTANTES.

QUE TAL ANOTAR NÚMEROS DE TELEFONE DE PESSOAS OU LUGARES IMPORTANTES PARA VOCÊ?

NOME:

TELEFONE:

NOME:

TELEFONE:

NOME:

TELEFONE:

NOME:

TELEFONE:

QUANDO EU TINHA 5 ANOS, MINHA ALTURA ERA 115 CENTÍMETROS, EU PESAVA 20 QUILOS, O NÚMERO DO MEU SAPATO ERA 28 E MEU PÉ MEDIA 19 CENTÍMETROS. AH, E EU TINHA 20 DENTES.

AGORA QUE EU TENHO 28 ANOS, TENHO 186 CENTÍMETROS DE ALTURA, PESO 88 QUILOS, O MEU SAPATO É NÚMERO 43 E MEU PÉ MEDE 29 CENTÍMETROS. TENHO 28 DENTES, PORQUE TIREI OS 4 DENTES DO SISO.

COM 5 ANOS, EU E MEUS AMIGOS TÍNHAMOS AS SEGUINTES ALTURAS:

 ISAÍAS:
108 CENTÍMETROS

 EU:
115 CENTÍMETROS

 RAFAEL:
99 CENTÍMETROS

QUEM ERA O MAIS ALTO? QUEM ERA O MAIS BAIXO? FAÇA UM DESENHO ORDENANDO NOSSAS ALTURAS.

E AS SUAS MEDIDAS, QUAIS SÃO?

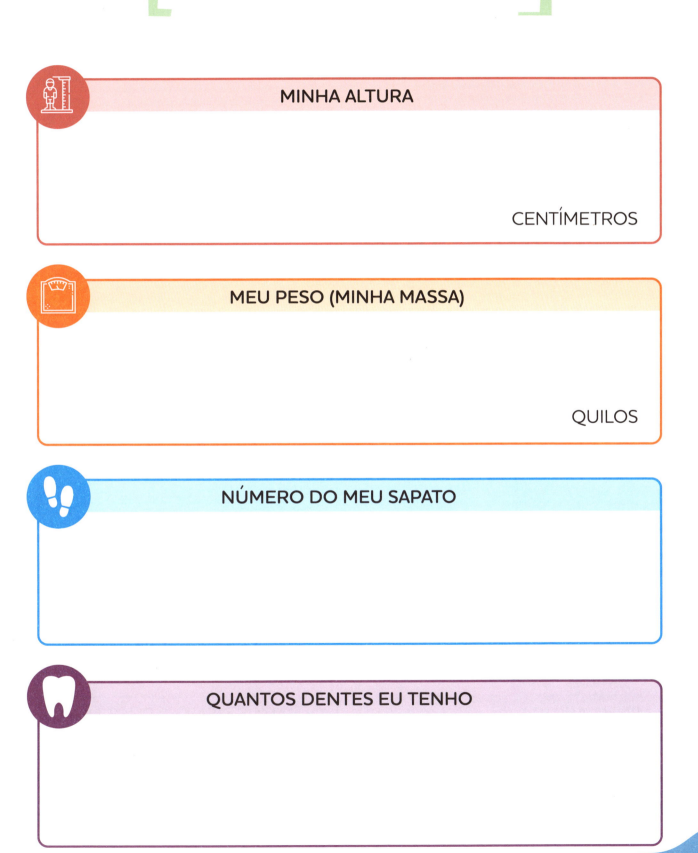

MINHA ALTURA

CENTÍMETROS

MEU PESO (MINHA MASSA)

QUILOS

NÚMERO DO MEU SAPATO

QUANTOS DENTES EU TENHO

VOCÊ VIU COMO EU CRESCI?

[QUAIS DESTES DADOS VOCÊ ACHA QUE VÃO MUDAR QUANDO VOCÊ CRESCER? ANOTE COMO VOCÊ ACHA QUE VÃO FICAR AS SUAS MEDIDAS QUANDO VOCÊ ESTIVER NO 1º ANO.]

MINHA IDADE

MEU PESO (MINHA MASSA)

DATA DE NASCIMENTO

NÚMERO DO MEU SAPATO

NÚMERO DE ONDE EU MORO

NÚMERO DA MINHA CAMISETA

MINHA ALTURA

QUANTOS DENTES EU TENHO

PARA PENSAR...

O NÚMERO

PODE SER DE UM SAPATO?

PODE SER DE UMA CASA?

PODE SER A ALTURA DE UMA CRIANÇA?

PENSE EM UM NÚMERO MUITO ALTO E O ESCREVA A SEGUIR.

PARA VOLTAR DO MEU TRABALHO PARA CASA, PEGO UM ÔNIBUS QUE PASSA EM FRENTE À QUITANDA E DESÇO NO PONTO QUE FICA PERTO DO CIRCO QUE MONTARAM NO FINAL DA RUA.

OBRA DE PAULO MONTEIRO

PARA QUE VOCÊ ACHA QUE SERVEM OS NÚMEROS QUE APARECEM NESTES LUGARES?

☐ PARA INDICAR QUANTAS BANANAS HÁ NA BANCA OU

☐ PARA INDICAR O PREÇO DO QUILO DA BANANA?

☐ PARA INDICAR O NÚMERO DA LINHA DO ÔNIBUS OU

☐ PARA INDICAR A IDADE DO MOTORISTA?

☐ PARA INDICAR QUANTAS PESSOAS CABEM NO CIRCO OU

☐ PARA INDICAR O DIA DO ESPETÁCULO?

☐ PARA INDICAR QUANTAS PESSOAS VIVEM NA CASA OU

☐ PARA IDENTIFICAR A CASA?

VOCÊ CONHECE A HISTÓRIA DE *ALICE NO PAÍS DAS MARAVILHAS*? ESTE LIVRO, DE LEWIS CARROLL, CONTA A HISTÓRIA DE ALICE, UMA MENINA QUE CAI NA TOCA DE UM COELHO E VAI PARAR NUM LUGAR FANTÁSTICO, QUE REMETE AO MUNDO DOS SONHOS. NESSE LUGAR, ALICE ENFRENTA ESTRANHAS E ABSURDAS AVENTURAS, PASSA POR SITUAÇÕES INCOMUNS, CONHECE SERES EXTRAVAGANTES, AUMENTA E DIMINUI DE TAMANHO... E VIVE TUDO COM NATURALIDADE E MUITA, MUITA CURIOSIDADE.

LOGO NO INÍCIO DA HISTÓRIA, DEPOIS DE CAIR NA TOCA DO COELHO, ALICE CHEGOU A UMA SALA COMPRIDA E BAIXA, COM MUITAS PORTAS. PARA ENTRAR NO PAÍS DAS MARAVILHAS, ELA PRECISAVA PASSAR POR UMA DELAS, QUE ERA BEM PEQUENA.

NO CENTRO DA SALA ONDE ESTAVA, ELA ENCONTROU UMA MESINHA EM QUE HAVIA UMA CHAVE E UMA GARRAFA COM UMA ETIQUETA AMARRADA NO GARGALO, EM QUE ESTAVA ESCRITO "BEBA-ME". ELA LOGO TOMOU TUDINHO. E, ENTÃO, VEJA O QUE ACONTECEU:

> "QUE SENSAÇÃO CURIOSA! – DISSE ALICE – DEVO ESTAR ENCOLHENDO COMO UM TELESCÓPIO."

A MENINA FICOU BEM PEQUENA.

[QUANDO FICOU PEQUENA, VOCÊ ACHA QUE ALICE FICOU DO MESMO TAMANHO QUE:]

☐ UM CACHORRO?   ☐ UMA FORMIGA?   ☐ UM RATO?

ALICE FICOU TÃO PEQUENA QUE NÃO ALCANÇAVA MAIS A CHAVE DA PORTA. PRECISAVA ENCONTRAR UMA MANEIRA DE PEGÁ-LA. NESSA HORA, SE DEPAROU COM UMA CAIXINHA DE VIDRO EMBAIXO DA MESA. DENTRO DA CAIXINHA TINHA UM PEQUENINO BOLO, SOBRE O QUAL ESTAVA ESCRITO "COMA-ME".

VOCÊ IMAGINA O QUE ACONTECEU?

"AGORA ESTOU ME ESTICANDO COMO O MAIOR TELESCÓPIO QUE JÁ SE VIU! ADEUS, PÉS! – POIS QUANDO ELA OLHOU PARA OS PÉS, ELES ESTAVAM TÃO DISTANTES QUE PARECIAM QUASE FORA DE SUA VISTA. – OH, MEUS POBRES PÉS, QUEM VAI LHES CALÇAR MEIAS E SAPATOS AGORA, MEUS QUERIDOS? ACHO QUE NÃO CONSEGUIREI, POIS VOU ESTAR LONGE DEMAIS PARA CUIDAR DE VOCÊS. VOCÊS TERÃO QUE SE VIRAR COMO PUDEREM."

ALICE FICOU TÃO GRANDE QUE BATEU A CABEÇA NO TETO DA SALA.

VOCÊ ACHA QUE, QUANDO ALICE CRESCEU, FICOU DO TAMANHO DE:

☐ UMA ÁRVORE?

☐ UMA CASA?

☐ O ARTHUR AOS 28 ANOS?

UMA HISTÓRIA PARA CONTAR

BENJAMIM DESENHOU AS CENAS A SEGUIR COM SEUS PERSONAGENS PREFERIDOS.

VOCÊ PODE ESCREVER UM NOME PARA CADA UM DELES, E CONTAR PARA QUEM QUISER OUVIR UMA HISTÓRIA SOBRE O QUE ELES FAZEM NAS CENAS DESTA HISTÓRIA.

1

2

3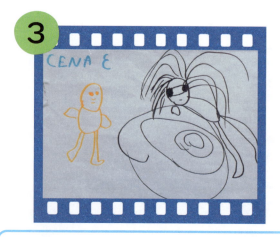

4

GLOSSÁRIO

NOME: É UMA PALAVRA PELA QUAL CHAMAMOS UMA PESSOA, UM OBJETO, UM ANIMAL E TUDO O QUE EXISTE. CADA NOME TEM UM SOM E UMA FORMA DE ESCREVER. DUAS CRIANÇAS DIFERENTES PODEM TER O MESMO NOME.

PERSONAGEM: É UMA PESSOA, UM ANIMAL OU MESMO UMA MISTURA DOS DOIS QUE A GENTE INVENTA. NO TEATRO, OS ATORES E ATRIZES VIVEM PERSONAGENS. O TEATRO É UM LUGAR DE FAZ DE CONTA, COM PERSONAGENS, MÚSICA, DANÇA, CENÁRIO E LUZES.

RUA: É UM LUGAR GERALMENTE SEM ÁRVORES NEM PLANTA, ONDE PODEM PASSAR CARROS, ÔNIBUS, BICICLETAS E MOTOCICLETAS. TEMOS QUE TOMAR MUITO CUIDADO AO ATRAVESSAR AS RUAS. AS PESSOAS NÃO ANDAM A PÉ NO MEIO DA RUA, E SIM NAS CALÇADAS.

CIDADE: O TAMANHO DE UMA CIDADE É MEDIDO PELA SUA ÁREA E PELO NÚMERO DE PESSOAS QUE MORAM NELA. O BRASIL, EM 2020, TEM 5570 CIDADES. UMA CIDADE TEM MUITAS RUAS, RETAS OU CURVAS, COM PRAÇAS OU INCLINADAS.

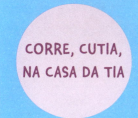

CORRE, CUTIA, NA CASA DA TIA

POESIA: É QUANDO AS PALAVRAS FORMAM UM SOM QUE PODE SER BOM DE OUVIR E SENTIR. O RITMO DE UMA POESIA PODE SER DITADO POR RIMAS. POESIA MUSICADA É CANÇÃO. LER, CANTAR E ESCREVER POESIA NOS FAZ CONHECER MELHOR A NÓS MESMOS.

UNIDADE 3

ESPAÇOS E OBJETOS

EMPILHAR, DERRUBAR E RECONSTRUIR

IRAQUITAN ADORA
BRINCAR DE CONSTRUIR.

ELE CONSTRÓI COM DIFERENTES
TIPOS DE MATERIAIS: PEDRAS,
GRAVETOS, CAIXAS, TAMPINHAS
E ATÉ COM SEUS CARRINHOS.

PESQUISA DE MATERIAIS

PROCURE DIFERENTES MATERIAIS QUE PODEM SERVIR PARA CONSTRUIR ALGO. QUAIS VOCÊ ENCONTROU?

CONVIDE OS COLEGAS PARA CONSTRUIR COM ELES. DEPOIS, DESENHE AQUI A CONSTRUÇÃO QUE VOCÊ MAIS GOSTOU DE FAZER.

CONSTRUÇÕES PLANAS

ALGUMAS VEZES, AS CONSTRUÇÕES DE IRAQUITAN SÃO COMO DESENHOS NO CHÃO.

ELE USA SEMENTES, CONCHAS, PEDRAS E GRAVETOS PARA FORMAR FIGURAS E BRINCAR, COMO MOSTRA A FIGURA A SEGUIR.

[QUE TAL DESENHAR ESSA CONSTRUÇÃO?]

GRAVETOS

CONSTRUÇÃO DE CENÁRIOS COM DINOS

IRAQUITAN TAMBÉM FAZ CONSTRUÇÕES COMO FORMA DE BRINCAR COM SEUS BRINQUEDOS.

VEJA O CENÁRIO A SEGUIR, QUE ELE FEZ PARA BRINCAR COM SEUS DINOSSAUROS, E O REPRESENTE NO ESPAÇO EM BRANCO.

PESQUISA DE EQUILÍBRIO

IRAQUITAN SEMPRE CONVIDA SEUS AMIGOS PARA CONSTRUIR TORRES.

COM SUA PRIMA BRANCA, FEZ UMA TORRE DE CARROS.

VEJA, A SEGUIR, A TORRE DE CAIXAS E CANUDOS QUE ELES FIZERAM DEPOIS.

TORRE DE CAIXAS E CANUDOS

DESENHE UMA CAIXA NO ALTO DA TORRE. DEPOIS, DESENHE AO LADO DA PRIMEIRA TORRE UMA MAIOR DO QUE ELA.

SERÁ QUE A TORRE CAI SE COLOCARMOS MAIS AQUELA LATA QUE ESTÁ NO CHÃO? DESENHE, NO ESPAÇO AO LADO DA TORRE, COMO ELA FICARÁ COM MAIS ESSA LATA BEM NO ALTO DELA.

TORRE DE LATAS

TORRE DE POTES

QUAL DESTES POTINHOS VOCÊ COLOCARIA NA TORRE PARA ELA FICAR AINDA MAIS ALTA? ESCOLHA UM DELES E DESENHE COMO A TORRE FICARÁ.

A TORRE MAIS ALTA DO MUNDO

TORRE EIFFEL

TORRE JAPONESA

TORRE DE PISA

A TORRE EIFFEL, COM 324 METROS DE ALTURA, FOI CONSTRUÍDA HÁ MAIS DE CENTO E TRINTA ANOS, PARA COMEMORAR A REVOLUÇÃO FRANCESA, UMA DATA IMPORTANTE PARA A FRANÇA. ELA FOI A PRIMEIRA TORRE DO MUNDO A TER MAIS DE TREZENTOS METROS DE ALTURA.

A TORRE JAPONESA DE RADIODIFUSÃO, A TOKYO SKYTREE, TEM 634 METROS DE ALTURA E FOI CONSTRUÍDA HÁ MAIS DE DEZ ANOS. ELA TAMBÉM JÁ RESISTIU A UM GRANDE TERREMOTO. O NOME "SKYTREE" SIGNIFICA "ÁRVORE DO CÉU".

A TORRE DE PISA, COM 57 METROS DE ALTURA, FOI CONSTRUÍDA HÁ MAIS DE SEISCENTOS ANOS E É CONHECIDA POR SER UM POUCO INCLINADA. MESMO ASSIM, CONTINUA EM PÉ APÓS QUATRO TERREMOTOS.

PELOS TEXTOS ACIMA, VOCÊ CONSEGUIU DESCOBRIR A ALTURA DE CADA TORRE? QUAL DELAS É A MAIS ALTA? QUE TAL DESENHAR ABAIXO AS TRÊS, UMA AO LADO DA OUTRA, MOSTRANDO SEUS TAMANHOS DIFERENTES?

DEPOIS DE VER VÁRIAS TORRES, IRAQUITAN QUIS CONSTRUIR UMA TORRE BEM ALTA. QUE MATERIAL É MELHOR PARA ELE USAR E A TORRE NÃO CAIR?

CONSTRUA VOCÊ TAMBÉM UMA TORRE E A DESENHE A SEGUIR.

PESQUISAR DIFERENTES SUPERFÍCIES

QUANDO FOI CONSTRUIR SUA TORRE, IRAQUITAN NOTOU QUE ERA MAIS FÁCIL EQUILIBRAR AS PEÇAS EM ALGUNS TIPOS DE CHÃO.

QUE TAL EXPERIMENTAR CONSTRUIR TORRES OU MURALHAS EM VÁRIAS SUPERFÍCIES DIFERENTES?

REPRESENTAÇÃO DE CONSTRUÇÕES

NO SEU ANIVERSÁRIO, IRAQUITAN GANHOU UM CONJUNTO DE BLOCOS PARA CONSTRUIR. VEJA, A SEGUIR, QUANTAS CONSTRUÇÕES DIFERENTES ELE FEZ.

[REPRESENTE, COM DESENHOS, ESSAS CONSTRUÇÕES.]

QUE TAL RECORTAR AS FORMAS QUE ESTÃO NAS PÁGINAS 181 ✂
E 183 ✂ E CONSTRUIR FIGURAS IGUAIS ÀS DESSA PÁGINA?

IRAQUITAN DESMONTOU UMA CAIXA DE PASTA DE DENTE E RESOLVEU COLORIR SUAS PARTES. FICOU ENCANTADO PORQUE ENCONTROU ALGUMAS FORMAS GEOMÉTRICAS. RESOLVEU RECORTÁ-LAS E FAZER UMA COLAGEM.

[QUE TAL DESMONTAR UMA OU MAIS CAIXAS E FAZER UMA COLAGEM TAMBÉM?]

VOCÊ JÁ MODELOU COM ARGILA? IRAQUITAN RESOLVEU FAZER COM ARGILA ALGUMAS PEÇAS PARA SUAS CONSTRUÇÕES. USOU UM DADO E UMA BOLINHA DE GUDE COMO MODELO.

QUE TAL VOCÊ TENTAR MODELAR AS FIGURAS QUE IRAQUITAN FEZ E DEPOIS CONSTRUIR COM ELAS? QUAIS MOVIMENTOS VOCÊ PRECISARÁ FAZER PARA MODELAR CADA FIGURA? DESENHE AQUI COMO FICOU SUA CONSTRUÇÃO.

IRAQUITAN CONTORNOU ALGUNS OBJETOS PARA CRIAR NOVOS DESENHOS. VOCÊ CONSEGUE DESCOBRIR QUE OBJETO FOI USADO PARA FAZER CADA CONTORNO? LIGUE AS IMAGENS.

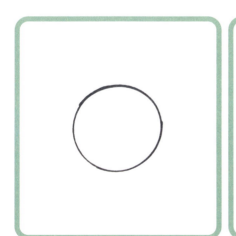

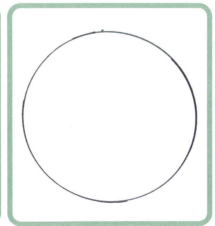

QUE TAL VOCÊ CONTORNAR OBJETOS E CRIAR DESENHOS TAMBÉM?

70

GLOSSÁRIO

PEDRA: É UM MINERAL FORMADO NA NATUREZA. EM SUA MAIORIA, SÃO DURAS E PODEM PRODUZIR UM TRAÇO NO CHÃO. ALGUMAS PESSOAS USAM PEDRAS PARA CONSTRUIR OU PINTAR, COMO NAS PINTURAS RUPESTRES.

GRAVETO: É UM GALHO DE UMA ÁRVORE OU DE UMA PLANTA. OS GRAVETOS E AS FOLHAS SECAS, QUANDO CAEM NO CHÃO, NÃO SÃO SUJEIRA. COBREM E PROTEGEM A TERRA E DEPOIS VOLTAM A SER SOLO NOVAMENTE.

LATA: É FORMADA QUANDO SE DERRETE UMA MISTURA DE FERRO, ALUMÍNIO, COBRE E OUTROS METAIS ENCONTRADOS NA NATUREZA. DEPOIS DE USADA, A LATA PODE SER RECICLADA E SE TRANSFORMAR EM UMA NOVA LATA.

POTE: PODE SER FEITO DE PLÁSTICO, UM PRODUTO INDUSTRIAL DO PETRÓLEO. QUANDO JOGADO NA NATUREZA, PODE DURAR MAIS DE 100 ANOS. PEDAÇOS DE PLÁSTICO MATAM ANIMAIS E PLANTAS E CAUSAM POLUIÇÃO NAS ÁGUAS DOS RIOS E DO MAR.

TORRE: É UMA CONSTRUÇÃO MUITO ALTA. HÁ TORRES DE FERRO, PEDRA, AREIA, CIMENTO E OUTROS MATERIAIS. HÁ TORRES EM CIDADES DO MUNDO INTEIRO, QUE DURAM MUITOS ANOS. CRIANÇAS TAMBÉM CONSTROEM TORRES EM SUAS BRINCADEIRAS.

UNIDADE
4

JOGOS

LAGOA DA TARTARUGA

 **MATERIAL**

- 1 TABULEIRO
- 4 PEÕES DE CORES DIFERENTES
- 1 DADO

 **NÚMERO DE JOGADORES**

- 4 JOGADORES

REGRAS DO JOGO

CADA JOGADOR ESCOLHE UM PEÃO.

NA SUA VEZ, LANÇA O DADO E AVANÇA COM SEU PEÃO TANTAS CASAS QUANTO OS NÚMEROS QUE SAÍRAM NOS DADOS.

5	AVANCE 1 CASA
10	AVANCE ATÉ O 15
14	VOLTE 5 CASAS
26	AVANCE 3 CASAS

24	FIQUE UMA VEZ SEM JOGAR
29	AVANCE 4 CASAS
31	VOLTE 1 CASA

BINGO

VAMOS CRIAR UMA CARTELA PARA JOGAR BINGO COM OS NOMES DAS CRIANÇAS DO GRUPO?

MATERIAL

- CARTELA DE BINGO COM 4 NOMES ANOTADOS
- SACO OU CAIXA COM CARTÕES COM O PRIMEIRO NOME DE CADA UMA DAS CRIANÇAS DA TURMA

NÚMERO DE JOGADORES

- A TURMA TODA JOGA

REGRAS DO JOGO

A PROFESSORA OU UM COLEGA VAI SORTEAR OS NOMES DO BINGO.

CADA JOGADOR MARCA COM UMA PEDRINHA OU UM X OS NOMES SORTEADOS QUE ESTÃO ANOTADOS NA SUA CARTELA.

GANHA QUEM PRIMEIRO COMPLETAR A CARTELA.

ANOTE O NOME DE QUATRO COLEGAS NOS ESPAÇOS DA CARTELA.

JOGO BASQUETINHO

✓ MATERIAL

- 12 TAMPINHAS DE GARRAFAS PET, 4 DE CADA COR
- 1 CAIXA POR GRUPO

🧍 NÚMERO DE JOGADORES

- 4 JOGADORES POR GRUPO (UM DELES É O SECRETÁRIO, RESPONSÁVEL POR DIZER QUEM GANHOU)

REGRAS DO JOGO

DEVEM SER ENTREGUES 4 TAMPINHAS DA MESMA COR PARA CADA JOGADOR.

NA SUA VEZ, CADA JOGADOR LANÇA SUAS TAMPINHAS, UMA POR VEZ, TENTANDO ACERTAR DENTRO DA CAIXA.

O JOGADOR GANHA 1 PONTO A CADA TAMPINHA QUE ACERTAR DENTRO CAIXA.

AO FINAL DA SUA VEZ, O JOGADOR RECOLHE SUAS TAMPINHAS.

O JOGO TEM 3 RODADAS.

GANHA O JOGADOR QUE FIZER MAIS PONTOS.

VAMOS PENSAR SOBRE O JOGO?

VEJA COMO 3 CRIANÇAS ANOTARAM OS PONTOS DOS JOGADORES DE SEU GRUPO NO JOGO BASQUETINHO:

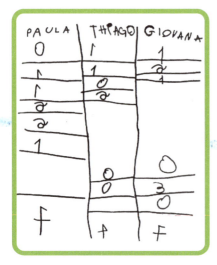
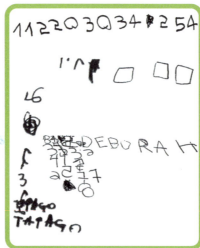

QUEM GANHOU O JOGO EM CADA UM DOS GRUPOS?

O QUE É IMPORTANTE ANOTAR PARA SABER QUEM GANHOU?

78

STOP

MATERIAL

- TABELA DE STOP, UMA PARA CADA JOGADOR

NÚMERO DE JOGADORES

- A TURMA TODA JOGA JUNTO

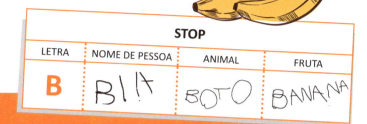

STOP			
LETRA	NOME DE PESSOA	ANIMAL	FRUTA
B	BIA	BOTO	BANANA

REGRAS DO JOGO

CADA JOGADOR RECEBE UMA TABELA COM 3 TEMAS: NOME DE PESSOA, ANIMAL E FRUTA.

UM DOS PARTICIPANTES ESCOLHE (OU SORTEIA) UMA LETRA.

TODOS OS JOGADORES ANOTAM A LETRA ESCOLHIDA NA PRIMEIRA COLUNA DA TABELA.

EM SEGUIDA, ESCREVEM EM CADA COLUNA UMA PALAVRA DAQUELE TEMA, INICIADA PELA LETRA SORTEADA.

QUEM TERMINAR PRIMEIRO DE ESCREVER TODAS AS PALAVRAS DA LINHA FALA "STOP", E NA MESMA HORA TODOS DEVEM LARGAR OS LÁPIS E PARAR DE ESCREVER.

CADA PALAVRA VALE 1 PONTO.

GANHA O JOGO QUEM FIZER MAIS PONTOS.

[VAMOS CRIAR UMA TABELA PARA JOGAR STOP?]

STOP			
LETRA	NOME DE PESSOA	ANIMAL	FRUTA

VIAGEM PELO RIO SOLIMÕES

 **MATERIAL**

- 4 PEÕES DE CORES DIFERENTES
- 2 DADOS

 NÚMERO DE JOGADORES

- 4 JOGADORES

REGRAS DO JOGO

CADA JOGADOR DEVE COLOCAR SEU PEÃO NO INÍCIO DA TRILHA.

NA SUA VEZ, JOGA OS DADOS E ANDA, COM SEU PEÃO, TANTAS CASAS QUANTO INDICAREM OS PONTOS OBTIDOS NOS DADOS.

SE SEU PEÃO CAIR EM UMA CASA COM UMA INDICAÇÃO ESCRITA, SIGA AS INSTRUÇÕES.

O JOGO TERMINA QUANDO UM DOS JOGADORES CHEGAR AO FINAL DA TRILHA, VENCENDO O JOGO.

7	O RIO ESTÁ CALMO, PODE NAVEGAR MAIS RÁPIDO, AVANCE 3 CASAS.
18	PEGUE UMA VOADEIRA, AVANCE 2 CASAS.
22	VOCÊ ENTROU NUM IGARAPÉ, FIQUE UMA VEZ SEM JOGAR.
30	O RIO ESTÁ CHEIO, PEGUE UM ATALHO ATÉ A CASA 35.
46	O BARCO FUROU, VOCÊ PRECISA ARRUMÁ-LO. FIQUE UMA VEZ SEM JOGAR.
46	PARE PARA FAZER UM LANCHE. FIQUE UMA VEZ SEM JOGAR.

JOGOS DE PERCURSO HISTÓRICOS

ALGUMAS PESSOAS CHAMAM OS JOGOS DE PERCURSO DE JOGOS DE TRILHA. NESSES JOGOS, OS PARTICIPANTES PERCORREM, COM SEUS PEÕES, UM TABULEIRO, LANÇANDO OS DADOS PARA SABER QUANTAS CASAS PODEM ANDAR A CADA RODADA.

O JOGO PODE CONTAR UMA HISTÓRIA OU APRESENTAR UM TEMA INTERESSANTE.

ALGUNS JOGOS TÊM CASAS ESPECIAIS, E, QUANDO SE CAI NELAS, PODEM ACONTECER COISAS BOAS, COMO AVANÇAR ALGUMAS CASAS NA TRILHA, OU COISAS NADA BOAS, COMO FICAR UMA VEZ SEM JOGAR.

O PRIMEIRO JOGO DESSE TIPO SURGIU MUITO TEMPO ATRÁS E SE CHAMAVA REAL JOGO DO GANSO OU JOGO DA GLÓRIA. DE LÁ PARA CÁ, FORAM CONSTRUÍDOS TANTOS TABULEIROS – MAIS DE 2.500! – QUE ATÉ EXISTE UM MUSEU INTEIRINHO, NA FRANÇA, SÓ COM DIFERENTES TABULEIROS DO JOGO DO GANSO.

OUTRO TIPO DE TABULEIRO QUE EXISTE DESDE ANTIGAMENTE É O DO JOGO COBRAS E ESCADAS, QUE SURGIU NA ÍNDIA. AS ESCADAS, NO TABULEIRO, AJUDAM O JOGADOR A "SALTAR" TRECHOS DO CAMINHO, E AS COBRAS O FAZEM VOLTAR VÁRIAS CASAS.

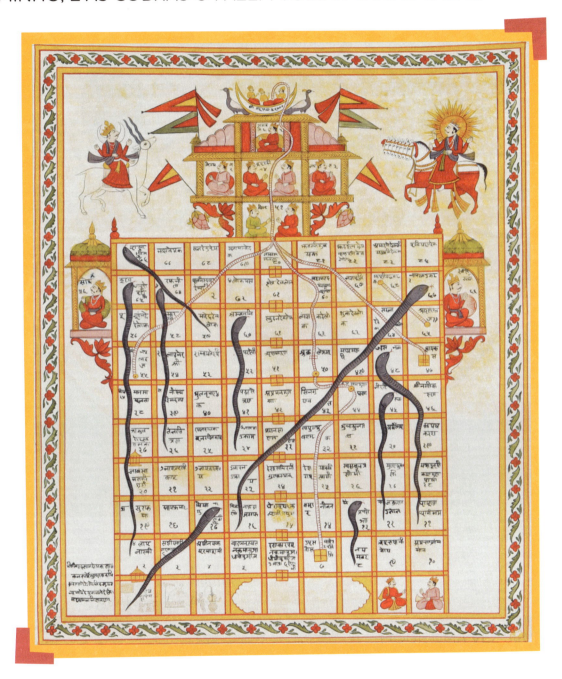

VOCÊ VIU QUE AQUI NO SEU LIVRO HÁ PÁGINAS COM JOGOS DE PERCURSO? VOCÊ JÁ EXPERIMENTOU JOGAR ALGUM? TEM ALGUM PREFERIDO? CONTE PARA SUA PROFESSORA.

VAMOS PENSAR SOBRE OS JOGOS DE PERCURSO?

PEDRO E JOÃO ESTAVAM BRINCANDO COM O JOGO DO GANSO. O PEÃO DE JOÃO ESTAVA NA CASA 9, ELE TIROU 6 NOS DADOS. EM QUE CASA DEVERÁ COLOCAR SEU PEÃO?

EM OUTRA JOGADA, O PEÃO DE JOÃO ESTAVA NA CASA 28, E ELE TIROU 4 NOS DADOS. EM QUE CASA DEVERÁ COLOCAR SEU PEÃO?

AGORA, OS MENINOS RESOLVERAM JOGAR COBRAS E ESCADAS. O PEÃO DE PEDRO ESTAVA NA CASA 12. QUANTO ELE PRECISA TIRAR NOS DADOS PARA IR PARA A CASA 15?

EM OUTRA JOGADA, O PEÃO DE PEDRO ESTAVA NA CASA 94. QUAL NÚMERO ELE PRECISA TIRAR NOS DADOS PARA GANHAR?

84

CONSTRUÇÃO DE JOGOS DE PERCURSO

NA CIDADE DE IJUÍ, NO RIO GRANDE DO SUL, HÁ UMA ESCOLA DE EDUCAÇÃO INFANTIL CONHECIDA COMO SESQUINHO.

A TURMA DE 5 ANOS DESSA ESCOLA ADORAVA JOGOS DE PERCURSO, E A PROFESSORA LISIANE SEMPRE LEVAVA TABULEIROS DIFERENTES PARA AS AULAS. SEUS ALUNOS APRENDERAM MUITO COM ELES.

AS CRIANÇAS GOSTARAM TANTO DOS JOGOS QUE RESOLVERAM CONSTRUIR SEUS PRÓPRIOS JOGOS DE PERCURSO.

O QUE VOCÊ ACHA DA IDEIA DE CONSTRUIR UM JOGO TAMBÉM?

ESCOLHA TEMAS

PARA CONSTRUIR OS JOGOS, AS CRIANÇAS DE IJUÍ SE REUNIRAM EM PEQUENOS GRUPOS E CONVERSARAM SOBRE OS TEMAS QUE PENSARAM PARA ESSES JOGOS.

FUTEBOL

CAMINHO DE CASA

CORRIDA DE CARROS

PASSEIO NA FLORESTA

[QUAIS DESSES TEMAS VOCÊ ACHA MAIS INTERESSANTES? QUAIS IDEIAS VOCÊ TEM PARA O JOGO DO SEU GRUPO?]

MUITOS TIPOS E FORMATOS DE TRILHAS

DEPOIS DE TEREM ESCOLHIDO O TEMA DE CORRIDA DO LOBO, AS CRIANÇAS DE UM DOS GRUPOS DE IJUÍ PLANEJARAM COMO PODERIAM SER AS TRILHAS DO SEU JOGO.

CADA CRIANÇA DO GRUPO FEZ UM DESENHO DIFERENTE, E EM SEGUIDA TODOS DECIDIRAM DE QUAL GOSTARAM MAIS, PARA ENTÃO DESENHAR O JOGO EM UM PAPEL MAIOR.

QUAL FORMATO DE TRILHA VOCÊ PREFERE? DESENHE AQUI SEU ESBOÇO.

POR FIM, CHEGOU A HORA DE PENSAR NAS ARMADILHAS. LEIA A SEGUIR ALGUMAS ARMADILHAS QUE AS CRIANÇAS DE IJUÍ FIZERAM.

  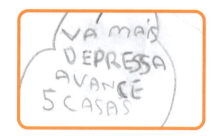

QUE ARMADILHAS VOCÊ ACHA INTERESSANTES PARA O JOGO QUE VAI FAZER COM O SEU GRUPO? ESCREVA AQUI.

GLOSSÁRIO

JOGO: É QUANDO PESSOAS COMBINAM DE BRINCAR JUNTAS. CADA JOGO TEM REGRAS E MATERIAL PARA JOGAR. EM UM JOGO, CADA CRIANÇA PENSA SUAS JOGADAS E TAMBÉM INTERPRETA AS JOGADAS DOS COLEGAS. TODOS OS JOGADORES DEVEM RESPEITAR AS REGRAS.

JOGADORES: SÃO DUAS OU MAIS CRIANÇAS QUE ESTÃO BRINCANDO DE ALGUM JOGO JUNTAS. CADA JOGADOR TEM O SEU PEÃO, SEMENTES OU CARTAS PARA JOGAR. O DADO SERVE PARA CADA JOGADOR JOGAR QUANDO FOR A SUA VEZ.

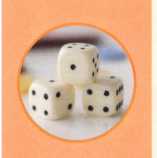

DADO: É UM CUBO PEQUENO DE MADEIRA OU DE PLÁSTICO. CUBO É UMA FORMA GEOMÉTRICA DE SEIS FACES. CADA FACE DO DADO TEM DE UMA A SEIS BOLINHAS DESENHADAS. O LADO QUE CAIR VIRADO PARA CIMA MOSTRA O NÚMERO INDICADO NA RODADA.

CAMINHO: É A TRILHA QUE O JOGADOR PERCORRE CONFORME O NÚMERO QUE SAIU NO DADO. CAMINHO É POR ONDE ANDA O PEÃO DE CADA JOGADOR EM UM JOGO DE PERCURSO. NA TRILHA, HÁ REGRAS PARA IR PARA A FRENTE OU PARA TRÁS.

PEÃO: PEÇA DO JOGO DE PERCURSO QUE VAI ANDAR PELO TABULEIRO CONFORME O NÚMERO QUE CAIU NO DADO. EM ALGUMAS CASAS DO TABULEIRO O PEÃO VAI TER SURPRESAS.

UNIDADE 5

PROJETOS DE INVESTIGAÇÃO

INVESTIGAR ÁRVORES

FLORESTA DO POVO TICUNA

"NA TERRA DO POVO TICUNA TEM LAGOS, IGARAPÉS, RIOS, IGAPÓS, PARANÁS. TEM ÁRVORES ALTAS E BAIXAS. GROSSAS E FINAS. COM ÂMAGO E SEM ÂMAGO. TEM ÁRVORES VERDE-ESCURO E VERDE-CLARO. TEM ÁRVORES AMARELAS, VERMELHAS E BRANCAS, QUANDO DÃO FLOR. A FLORESTA PARECE UM MAPA COM MUITAS LINHAS E CORES. MAS NÃO É PARA SER RECORTADO. UMA ÁRVORE É DIFERENTE DA OUTRA. E CADA ÁRVORE TEM SUA IMPORTÂNCIA, SEU VALOR. ESSA VARIEDADE É QUE FAZ A FLORESTA TÃO RICA."

JUSSARA GOMES GRUBER, *O LIVRO DAS ÁRVORES*

VOCÊ IMAGINA COMO É A TERRA DO POVO TICUNA? COMPLETE A FLORESTA A SEGUIR COM SEUS DESENHOS.

"AS ÁRVORES SÃO FÁCEIS DE ACHAR, FICAM PLANTADAS NO CHÃO, MAMAM DO SOL PELAS FOLHAS, E PELA TERRA, TAMBÉM BEBEM ÁGUA, CANTAM NO VENTO, E RECEBEM A CHUVA DE GALHOS ABERTOS, HÁ AS QUE DÃO FRUTAS, E AS QUE DÃO FRUTOS, AS DE COPA LARGA, E AS QUE HABITAM ESQUILOS, AS QUE CHOVEM DEPOIS DA CHUVA, AS CABELUDAS, AS MAIS JOVENS MUDAS."

ARNALDO ANTUNES, *AS ÁRVORES*

SUPERCARTA ÁRVORES DO BRASIL

QUE TAL INVESTIGAR ÁRVORES PARA CONSTRUIR UM JOGO COM MUITAS INFORMAÇÕES SOBRE ELAS?

PARA CONSTRUIR ESSE JOGO, VOCÊ VAI PRECISAR SABER MAIS SOBRE AS ÁRVORES E DESENHÁ-LAS.

ÁRVORE:

NOME: ARAÇÁ

ALTURA: 9 METROS

CIRCUNFERÊNCIA:
25 CENTÍMETROS

ÁRVORE:

NOME: TAPEREBÁ

ALTURA: 25 METROS

CIRCUNFERÊNCIA:
60 CENTÍMETROS

QUE TAL OBSERVAR AS ÁRVORES QUE EXISTEM NO ENTORNO DA ESCOLA OU EM OUTRO LUGAR QUE VOCÊ E SEUS COLEGAS POSSAM PASSEAR?

DURANTE O PASSEIO, OBSERVE SE ÁRVORES SÃO ALTAS OU BAIXAS, SE SEUS TRONCOS SÃO GROSSOS OU FINOS. OBSERVE SUAS CORES. VEJA SE DÁ PARA VER SUAS RAÍZES.

PROCURE DESCOBRIR SE DÃO FLORES OU FRUTOS.

OLHE AS ÁRVORES BEM DE PERTO.

PESQUISE A TEXTURA DOS TRONCOS, OBSERVE SE TÊM ESPINHOS, O FORMATO E A COR DE SUAS FOLHAS.

VEJA A SEGUIR ALGUNS DETALHES DE ÁRVORES COMUNS NO BRASIL.

MANGUEIRA

TRONCO	FOLHA

PAU-BRASIL

TRONCO	FOLHA

GOIABEIRA

TRONCO	FOLHA

DURANTE O PASSEIO, ESCOLHA UMA OU DUAS ÁRVORES. REGISTRE AQUI O QUE VOCÊ OBSERVOU SOBRE ELAS.

MARIANNE NORTH E SUA VIAGEM AO BRASIL

A ARTISTA MARIANNE NORTH ESTEVE NO BRASIL EM 1872, PARA RETRATAR EM PINTURAS AS PAISAGENS E A FLORA BRASILEIRAS. ELA ANOTAVA SUAS EXPERIÊNCIAS NO SEU DIÁRIO E, JÁ NESSA ÉPOCA, REVELAVA PREOCUPAÇÕES COM A PRESERVAÇÃO DA NATUREZA.

ELA DESENHOU MUITAS ÁRVORES DIFERENTES.

VEJA A SEGUIR ALGUMAS DAS PINTURAS DE MARIANNE NORTH. QUE NOME VOCÊ DARIA A CADA QUADRO?

96

O BURITI FAZ PARTE DA VIDA DOS TICUNAS, POIS É UMA ÁRVORE MUITO COMUM NA AMAZÔNIA, ONDE ELES VIVEM. O BURITI PODE CHEGAR A 35 METROS DE ALTURA E PRECISA DE MUITA ÁGUA PARA VIVER.

TEMANECÜ, COMO É CHAMADO O BURITI EM TICUNA, ATRAI ANIMAIS COMO ANTA, CAITITU, VEADO, JABUTI, CUTIA, CUTIAIA, QUEIXADA, QUATIPURU, PACA, TATU, CUTIAIA, MACACO-BARRIGUDO, MACACO-GUARIBA, MACACO-DA-NOITE. E CERTAS AVES, COMO INAMBU, TUCANO, PAPAGAIO, MUTUM, ARARA.

AS ARARAS, POR EXEMPLO, GOSTAM DE FAZER SEUS NINHOS NOS TRONCOS SECOS DOS BURITIS.

[VEJA COMO DOIS ARTISTAS DESENHARAM O BURITI.]

BURITIZAL,
LAURENTINO
GASPAR BEZERRA

PALMEIRAS DE BURITI COM VELHAS ARAUCÁRIAS AO FUNDO, MARIANNE NORTH

AGORA É SUA VEZ: VOCÊ SE ANIMA A DESENHAR UM BURITI? COLOCAMOS AQUI UMA FOTO PARA VOCÊ OBSERVAR E SE INSPIRAR.

CHEGOU A HORA DE FAZER AS CARTAS

PARA JOGAR SUPERCARTA ÁRVORES DO BRASIL É PRECISO QUE VOCÊ MONTE O SEU CONJUNTO DE CARTAS. VOCÊ PODE RECORTAR E COMPLETAR O MODELO DAS PÁGINAS 185 ✂ E 187 ✂.

CADA UMA VEM COM UM DESENHO DE ÁRVORE – VOCÊ JÁ ESTÁ CRAQUE NISSO! – E ALGUMAS INFORMAÇÕES, QUE SÃO COMPARADAS EM CADA JOGADA.

ESSAS CRIANÇAS DE IJUÍ, NO RIO GRANDE DO SUL, FIZERAM UM JOGO BEM PARECIDO COM O SUPERCARTA ÁRVORES DO BRASIL.

✅ **MATERIAL**

- UM CONJUNTO DE CARTAS POR JOGADOR

 NÚMERO DE JOGADORES

- 2 A 4 JOGADORES

REGRAS DO JOGO

EM CADA RODADA, UM DOS JOGADORES ESCOLHE UMA DAS MEDIDAS (ALTURA OU CIRCUNFERÊNCIA DO TRONCO) PARA COMPARAR, ANUNCIA PARA OS COLEGAS E TODOS ESCOLHEM UMA CARTA PARA BAIXAR.

O JOGADOR QUE ESTIVER COM A CARTA COM O MAIOR VALOR DA CARACTERÍSTICA ESCOLHIDA VENCE A RODADA E RECOLHE TODAS AS CARTAS, QUE DEVEM SER EMPILHADAS NUM MONTE À PARTE.

O JOGO TERMINA QUANDO ACABAREM AS CARTAS DA MÃO DE CADA JOGADOR.

VENCE O JOGO QUEM TIVER O MAIOR MONTE DE CARTAS.

AGORA, PESQUISE COM SEU GRUPO AS INFORMAÇÕES QUE VOCÊS PRECISAM PARA FAZER 2 CARTAS DO JOGO SUPERCARTA ÁRVORES DO BRASIL.

DESENHO:

NOME:

ALTURA:

CIRCUNFERÊNCIA:

DESENHO:

NOME:

ALTURA:

CIRCUNFERÊNCIA:

100

PROJETO PINTURAS NAS PAREDES

MUITOS E MUITOS ANOS ATRÁS, HOMENS, MULHERES E TAMBÉM CRIANÇAS DESENHARAM EM PAREDES DE PEDRAS.

DENTRO DAS CAVERNAS DE CHAUVET E LASCAUX, NA FRANÇA, NÃO BATIA LUZ DO SOL.

UMA PESSOA SEGURAVA UMA TOCHA DE FOGO PARA ILUMINAR O AMBIENTE, E OUTRA DESENHAVA NAS PAREDES DAS CAVERNAS AS FORMAS QUE ELES VIAM.

NO PARQUE NACIONAL DA SERRA DA CAPIVARA, NO BRASIL, TAMBÉM ERAM FEITOS DESENHOS NAS PAREDES DE PEDRA DE CAVERNAS.

[
QUAL DAS CAVERNAS CITADAS TEM OS DESENHOS MAIS ANTIGOS? CIRCULE.
]

CAVERNA DE LASCAUX
APROXIMADAMENTE
17.000 ANOS

PARQUE NACIONAL DA SERRA DA CAPIVARA
APROXIMADAMENTE
10.000 ANOS

CAVERNA DE CHAUVET
35.000 ANOS

FAÇA DE CONTA QUE ESTA IMAGEM É DE UMA PEDRA DE VERDADE. DESENHE NA PEDRA UM ANIMAL DE QUE VOCÊ GOSTA.

SABE QUANDO A GENTE OLHA AS NUVENS PASSANDO NO CÉU?
ÀS VEZES, UMA NUVEM PARECE UM BOIZINHO, UM DRAGÃO...

DESENHE SÓ COM LÁPIS DE COR AMARELO, LARANJA, VERMELHO, MARROM E ROXO O QUE VOCÊ VÊ NA FOLHA COM PINTURA EM AZUL CIANO A SEGUIR.

TINTA AZUL CIANO

ALGUM DIA VOCÊ JÁ DEITOU EMBAIXO DE UMA ÁRVORE E FICOU OLHANDO PARA ELA DE BAIXO PARA CIMA? O SOL VAI PASSANDO PELAS FOLHAS, É BONITO.

[USE SÓ AS CANETINHAS DE COR LARANJA, VERDE-CLARO E VERDE-ESCURO, AZUL-CLARO, AZUL-ESCURO E ROXA PRA DESENHAR NO QUADRO PINTADO DE MAGENTA A SEGUIR.]

TINTA MAGENTA

GLOSSÁRIO

FLORES: TÊM PÉTALAS, PODEM SER BRANCAS OU COLORIDAS. ALGUMAS FLORES SÃO PERFUMADAS. ABELHAS E BEIJA-FLORES BUSCAM O NÉCTAR AÇUCARADO DAS FLORES PARA SE ALIMENTAR E FAZER MEL. FLORES PRODUZEM SEMENTES PARA GERMINAR.

FRUTAS: NASCEM EM ÁRVORES ALTAS, PLANTAS MAIS BAIXAS OU NO CHÃO. AS FRUTAS QUE SERVEM PARA COMER TÊM NUTRIENTES QUE AS DEIXAM COLORIDAS. CADA COR DÁ PARA CADA FRUTA UM SABOR DIFERENTE.

ÁRVORE: TEM RAIZ, TRONCO, GALHOS E FOLHAS. PELAS RAÍZES, PASSANDO PELO TRONCO, SOBEM PELA SEIVA NUTRIENTES QUE VÊM DA TERRA. TODA ÁRVORE NASCE DE UMA SEMENTE E PRECISA DE ÁGUA PARA CRESCER. ALGUMAS ÁRVORES DÃO FRUTOS, OUTRAS, NÃO.

FLORESTA: É UM ESPAÇO ONDE CRESCERAM MUITAS ÁRVORES. EM CADA UMA DAS 5 REGIÕES DO BRASIL CRESCEM ÁRVORES DIFERENTES. NOS LUGARES MAIS QUENTES E SECOS NÃO HÁ FLORESTAS. A REGIÃO AMAZÔNICA ABRIGA A MAIOR FLORESTA DO MUNDO.

CAVERNAS: SÃO GRANDES BURACOS ENCONTRADOS EM ROCHAS. EM ALGUMAS GRANDES CAVERNAS, COM GRANDES ABERTURAS, ENTRA LUZ E HÁ ÁGUA. JÁ EM OUTRAS, MAIS FECHADAS E ESCURAS, FOI PRECISO ILUMINAR COM FOGO PARA DESENHAR EM SUAS PAREDES.

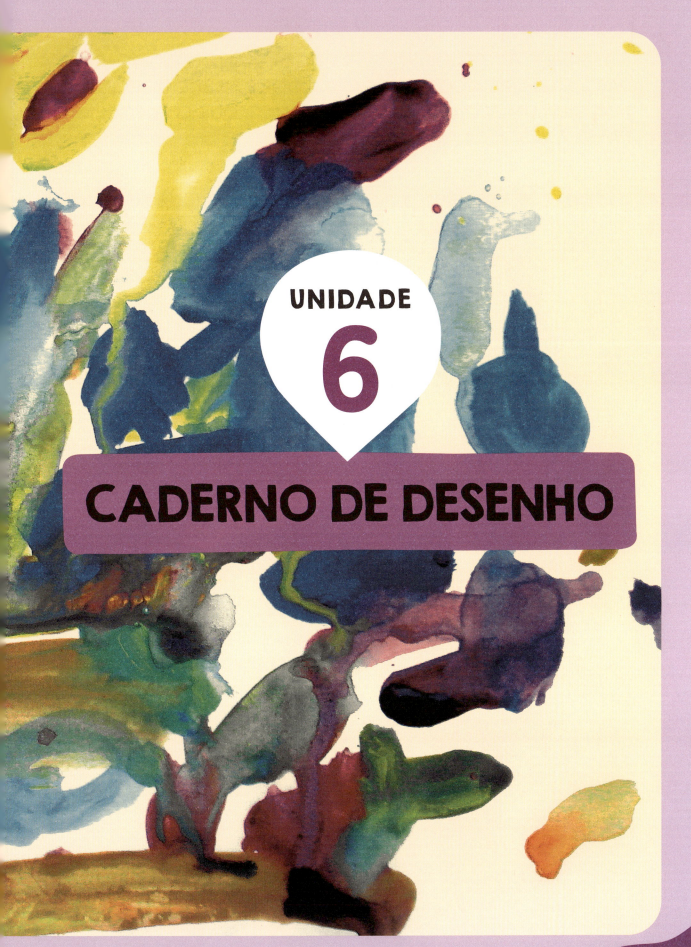

UNIDADE 6

CADERNO DE DESENHO

OBSERVE ESTE TECIDO NA COR MAGENTA, DEIXE OS OLHOS PASSEAREM PELA COR. AGORA, COLOQUE SOBRE O TECIDO MAGENTA UM PEDAÇO DE PAPEL BRANCO. QUE COR VOCÊ PASSA A VER?

O AZUL CIANO É UMA COR PRIMÁRIA. TODOS OS OUTROS AZUIS VÊM DESTA COR.

COLOQUE SOBRE O TECIDO CIANO UM PEDAÇO DE PAPEL BRANCO. QUE COR VOCÊ PASSA A VER?

OBSERVE CADA UMA DAS TEXTURAS A SEGUIR E DESENHE SOBRE ELAS COM LÁPIS PRETO. COLOQUE MAIS OU MENOS FORÇA NO LÁPIS E TERÁ DIFERENTES TONS DE CINZA.

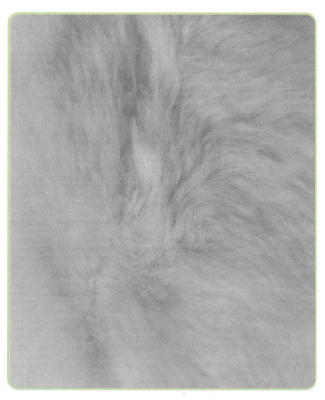

USE CANETINHAS COLORIDAS PARA DESENHAR SOBRE CADA UMA DESTAS TEXTURAS. ANTES DE FAZER ISSO NESTE LIVRO, EXPERIMENTE CADA COR EM UM OUTRO PAPEL.

A SEGUIR, TEMOS TEXTURAS COM TRAMAS PARA VOCÊ DESENHAR SOBRE ELAS COM GIZ DE CERA E LÁPIS DE COR. DURANTE O PROCESSO, OBSERVE DEVAGARINHO COMO VAI FICANDO PARA ESCOLHER QUE COR USAR.

NESTA IMAGEM DE GRAMA COM CAPIM, VOCÊ PODE DESENHAR COM CANETA PRETA BICHINHOS COMO FORMIGAS, TATUS-BOLA, BESOUROS, ARANHAS... O QUE MAIS?

AQUI, HÁ CADEIRAS PARA QUE VOCÊ DESENHE ALGUÉM SENTADO NELAS. PODE SER UMA FIGURA HUMANA, UM GATO OU UM CACHORRO. SOBRE A ESTEIRA, VOCÊ PODE DESENHAR TAMBÉM, POR EXEMPLO, UM BRINQUEDO.

FERNANDO LÊ NO SOFÁ LISTRADO DE BRANCO E VERMELHO. QUEM PODE ESTAR AO LADO DELE? DESENHE.

DESENHE SENTADO NO SOFÁ AZUL O SEU PERSONAGEM PREFERIDO.

FALTA ALGUÉM SENTADO NA CADEIRA DE COR MAGENTA AQUI DO LADO ESQUERDO.

USE CANETAS VERDE, MARROM E ROXA PARA DESENHAR. SOBRE ESSA COR, TONS DE AMARELO, VERMELHO E LARANJA NÃO SOBRESSAIRÃO.

AS CADEIRAS ABAIXO ESTÃO UMA VIRADA PARA A OUTRA.

EM CADA CADEIRA VOCÊ PODE DESENHAR UMA PESSOA OLHANDO PARA A OUTRA SENTADA DIANTE DELA. PENSE EM QUAL SERIA A MELHOR COR DE CANETA PARA USAR. UMA DICA: USE VERMELHOS!

BENJAMIM FEZ ESTA PINTURA COM TINTA VERMELHA E AZUL ULTRAMAR.

ELE DISSE QUE A FIGURA GRANDE É UM GATO, EM AZUL, UM BICHO PREGUIÇA, E, EMBAIXO DELE, UM LEÃOZINHO. E VOCÊ, QUAIS ANIMAIS GOSTARIA DE DESENHAR?

HÁ MUITAS TÉCNICAS PARA DESENHAR, GRAVAR OU PINTAR ANIMAIS. ESTAS SÃO GRAVURAS EM MADEIRA E METAL.

ADÉLIA BITENCOURT. VEADO, 1998

ESTE VEADO AQUI EM CIMA FOI FEITO EM 1998 PELA PROFESSORA TICUNA ADÉLIA BITENCOURT. É UMA XILOGRAVURA, ENTÃO SOBRE ONDE FICOU BRANCO NÃO HOUVE TINTA. COMO SERÁ QUE ADÉLIA FEZ ISSO?

O BESOURO DA DIREITA É UMA GRAVURA EM METAL. QUEM DESENHOU O INSETO NUMA CHAPA DE COBRE FOI A ARTISTA GERDA BRENTANI. NA GRAVURA, A CASCA DO BESOURO FICOU MAIS CLARA QUE SEU CHIFRE.

GERDA BRENTANI, BESOURO, 1968

118

PARA FAZER ESTE PEIXE BAIACU, A ARTISTA COLOCOU BREU NA CHAPA DE COBRE. BREU É UMA RESINA DE PLANTAS TRANSFORMADA EM PEDRAS. QUEBRAMOS ESSAS PEDRAS EM GRÃOS PARA DAR ESSE EFEITO NA GRAVURA EM METAL.

GERDA BRENTANI. PEIXE BAIACU, 1968

A FORMIGA SAÚVA COME FOLHAS E PLANTAS QUE ELA LEVA PARA O FORMIGUEIRO.

NESTA GRAVURA, ELA ESTÁ GRANDE, DÁ PARA VER OS OLHOS E A BOCA PRONTA PARA CORTAR FOLHAS. NO CHÃO, A FORMIGA É DO TAMANHO DE UM SÓ DESSES OLHOS.

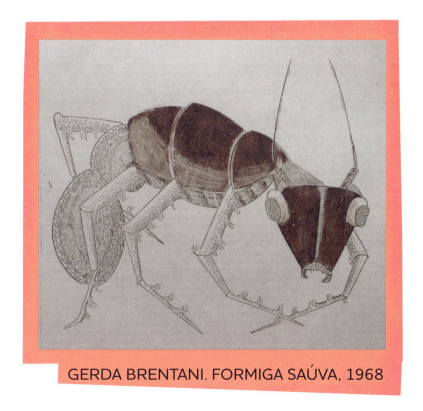

GERDA BRENTANI. FORMIGA SAÚVA, 1968

A VAQUINHA MIMOSA A SEGUIR ESTÁ OLHANDO PARA NÓS. SEUS CHIFRES SÃO PEQUENOS, PORQUE ELA É UMA JOVEM BEZERRA. É NOITE, E O CÉU ESTÁ PONTILHADO DE ESTRELAS. MIMOSA MASTIGA CAPIM.

VOCÊ PODE FAZER DE CONTA QUE É A MIMOSA? IMITAR O JEITO DELA DE OLHAR, DE COMER, DE SE MEXER? VOCÊ PODE TAMBÉM OBSERVAR UM ANIMAL ONDE MORA, E DEPOIS DESENHÁ-LO AQUI.

ESTE URSO POLAR TAMBÉM ESTÁ OLHANDO PARA NÓS. O URSO TEM ORELHAS PEQUENAS PARA SEU TAMANHO TÃO GRANDE. O PELO DELE É BRANCO, E É MUITO FOFO E MACIO PORQUE ESTE ANIMAL VIVE EM LUGARES FRIOS.

[QUE CORES VOCÊ VÊ NO PELO BRANCO DELE? DESENHE UM ANIMAL DE PELO MACIO QUE VOCÊ JÁ OBSERVOU.]

RODAS E CIRANDAS

É MUITO BOM SENTAR EM RODA PARA OUVIR ALGUÉM LENDO UMA HISTÓRIA PARA NÓS. NUMA RODA, VOCÊ VÊ O LIVRO E TAMBÉM AS MENINAS E MENINOS QUE ESTÃO SENTADOS LADO A LADO. TODOS PODEM OUVIR A HISTÓRIA E COMENTÁ-LA.

QUANDO FICAMOS EM PÉ E DE MÃOS DADAS, E A RODA COMEÇA A GIRAR, TEMOS UMA CIRANDA.

[VAMOS BRINCAR DE RODA?]

CIRANDA, CIRANDINHA

CIRANDA, CIRANDINHA
VAMOS TODOS CIRANDAR
VAMOS DAR A MEIA-VOLTA
VOLTA E MEIA VAMOS DAR

O ANEL QUE TU ME DESTES
ERA VIDRO E SE QUEBROU
O AMOR QUE TU ME TINHAS
ERA POUCO E SE ACABOU

POR ISSO, DONA CHICA
ENTRE DENTRO DESSA RODA
DIGA UM VERSO BEM BONITO
DIGA ADEUS E VÁ-SE EMBORA

CONHECEMOS BRINCADEIRAS EM QUE CRIANÇAS FICAM SENTADAS EM RODA ENQUANTO UMA DELAS CORRE EM VOLTA.

CORRE, CUTIA

CORRE, CUTIA, NA CASA DA TIA

CORRE, CIPÓ, NA CASA DA VÓ

LENCINHO NA MÃO, CAIU NO CHÃO

MOÇA BONITA DO MEU CORAÇÃO

POSSO JOGAR? NINGUÉM VAI OLHAR?

A CUTIA ESCONDE FRUTOS PARA COMER

ESTA É UMA BRINCADEIRA DE NOME LENÇO ATRÁS. PARA JOGAR, NOS SENTAMOS EM RODA E COBRIMOS OS OLHOS COM AS MÃOS. UMA CRIANÇA ANDA EM VOLTA COM UM LENÇO NA MÃO PARA DEIXAR ATRÁS DE UM DOS COLEGAS, ENQUANTO CANTA A MÚSICA "CORRE COTIA".

O JOGADOR QUE ACHAR O LENÇO ATRÁS DE SI CORRE ATRÁS DE QUEM O JOGOU ALI. O JOGADOR QUE FICAR COM O LENÇO SERÁ AQUELE QUE VAI DEIXAR O LENÇO ATRÁS DE OUTRA CRIANÇA SENTADA NA RODA. ELE SE SENTA NA RODA E A BRINCADEIRA RECOMEÇA.

OBSERVE COMO AS CORES SE MISTURAM E CRIAM OUTRAS CORES. QUE TAL EXPERIMENTAR ESSAS MISTURAS COM TINTAS?

MESCLA ADITIVA
MISTURA DAS CORES PRIMÁRIAS DE ORIGEM LUMINOSA. O BRANCO RESULTA DA UNIÃO DESSAS CORES PRIMÁRIAS.

MESCLA SUBTRATIVA
MISTURA DAS CORES PRIMÁRIAS DE ORIGEM PIGMENTOSA. O PRETO RESULTA DA UNIÃO DESSAS CORES PRIMÁRIAS.

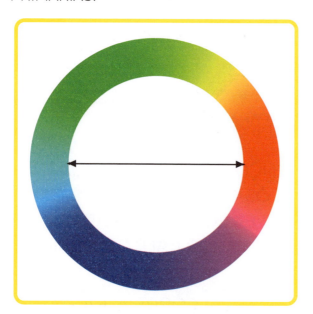

CORES COMPLEMENTARES
CADA COR TEM UMA COR COMPLEMENTAR A ELA. NO CÍRCULO DAS CORES, ELAS FICAM EM POSIÇÃO OPOSTA UMAS ÀS OUTRAS.

GLOSSÁRIO

CORES PRIMÁRIAS: SÃO PIGMENTOS OU TINTAS QUE, QUANDO MISTURADOS, RESULTAM EM ALGUMA OUTRA COR. AS TRÊS CORES PRIMÁRIAS SÃO AMARELO, AZUL CIANO E MAGENTA.

VERMELHOS: SÃO A PERCEPÇÃO VISUAL QUE TEMOS OBSERVANDO CORES QUE RESULTAM DAS MISTURAS DO MAGENTA COM AMARELOS.

VERDES: SÃO A PERCEPÇÃO VISUAL QUE TEMOS OBSERVANDO CORES QUE RESULTAM DAS MISTURAS DE AMARELOS E AZUIS.

TEXTURAS: SÃO SUPERFÍCIES, POR EXEMPLO, PAPÉIS, QUE PODEM SER LISAS, ÁSPERAS, MACIAS OU COM UMA TRAMA TRANÇADA COMO EM PANOS E ESTEIRAS. OBSERVANDO TEXTURAS, PENSAMOS EM DESENHOS.

RODAS: SÃO ESPAÇOS FECHADOS QUE SE FORMAM QUANDO AS PESSOAS SENTAM EM CÍRCULO, UMA AO LADO DA OUTRA. EXISTEM RODAS PARA DANÇAR QUANDO AS PESSOAS FICAM EM PÉ, PODENDO TAMBÉM DAR AS MÃOS UMAS PARA AS OUTRAS.

UNIDADE 7

PREFERÊNCIAS

COMIDA DE QUE MAIS GOSTO

HELENA E IARA RESOLVERAM FAZER UM PIQUENIQUE NUM PARQUE.

PARA SE PREPARAR, DECIDIRAM LEVAR BRIGADEIRO, PORQUE É O DOCE PREFERIDO DE HELENA.

[E O SEU DOCE PREFERIDO, QUAL É?]

HELENA FEZ A LISTA DOS INGREDIENTES NECESSÁRIOS PARA FAZER UMA RECEITA DE BRIGADEIRO.

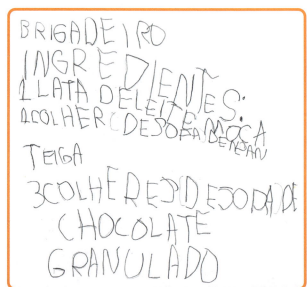

BRIGADEIRO
INGREDIENTES:
1 LATA DE LEITE
1 COLHER DE SOPA DE MA
TEIGA
3 COLHER ES DE SOPA DE
CHOCOLATE
GRANULADO

HELENA E IARA ESCOLHERAM O MORANGO COMO A FRUTA PARA LEVAR PARA O PIQUENIQUE, PORQUE É A PREFERIDA DE IARA.

[E SUA FRUTA PREFERIDA, QUAL É?]

[E VOCÊ, O QUE GOSTARIA DE LEVAR PARA UM PIQUENIQUE? FAÇA UMA LISTA AQUI. LEMBRE-SE DE INCLUIR COMIDAS SAUDÁVEIS.]

IARA E HELENA CONTARAM PARA BENJAMIM DO PIQUENIQUE, E OS TRÊS RESOLVERAM FAZER UM LANCHE JUNTOS.

BENJAMIM SUGERIU FAZER AVOADOR – BISCOITO DE POLVILHO –, DE QUE ELE GOSTA MUITO. ENCONTRARAM UMA RECEITA DESSE BISCOITO, MAS ELA SÓ TINHA O MODO DE PREPARO.

LEIA A RECEITA E ESCREVA NA PÁGINA AO LADO A LISTA DOS INGREDIENTES NECESSÁRIOS PARA FAZER AVOADOR.

AVOADOR – BISCOITO DE POLVILHO

 30 MINUTOS

 40 BISCOITOS

MODO DE PREPARO:

JUNTE 1 PACOTE DE POLVILHO AZEDO E 1 COLHER DE SOPA DE SAL NUMA TIGELA GRANDE. MISTURE E RESERVE.

COLOQUE 1 COPO DE LEITE E 1 COPO DE ÓLEO NUMA PANELA E LEVE AO FOGO ALTO PARA FERVER. DESPEJE A MISTURA NO POLVILHO E MISTURE ATÉ FICAR LISO, SEM DEIXAR ESFRIAR.

ADICIONE 1 OVO À MASSA E MISTURE BEM.

ACRESCENTE 1 COPO DE ÁGUA, AOS POUCOS, ATÉ QUE A MASSA ATINJA UMA CONSISTÊNCIA MAIS FIRME DO QUE UMA MASSA DE BOLO.

BATA ATÉ A MASSA FICAR LISA.

UNTE UMA ASSADEIRA COM MANTEIGA E POLVILHE COM FARINHA DE TRIGO.

PARA MODELAR OS BISCOITOS, USE UMA COLHER OU UM SACO PLÁSTICO COM A PONTINHA CORTADA. ATENÇÃO PARA QUE TODOS OS BISCOITOS FIQUEM DO MESMO FORMATO E TAMANHO PARA ASSAR POR IGUAL.

LEVE A ASSADEIRA AO FORNO PARA ASSAR EM FORNO PRÉ-AQUECIDO (180 °C, TEMPERATURA MÉDIA) POR CERCA DE 15 MINUTOS.

INGREDIENTES

O BOLO PREFERIDO

EM OUTRO DIA DE BRINCADEIRAS, A AVÓ DE BENJAMIM CONVIDOU AS CRIANÇAS PARA COMER UM BOLO. DISSE QUE PODERIAM ESCOLHER ENTRE:

BOLO DE FUBÁ

BOLO DE CENOURA

BOLO DE CHOCOLATE

DE QUAL DESSES BOLOS VOCÊ GOSTA MAIS? ESCREVA AQUI.

ACABARAM ESCOLHENDO O BOLO DE CENOURA.

PARA COMEÇAR A FAZER A RECEITA, A AVÓ DE BENJAMIM PEDIU QUE AS CRIANÇAS SEPARASSEM OS UTENSÍLIOS NECESSÁRIOS PARA FAZER O BOLO DE CENOURA.

LEIA A RECEITA JUNTO COM A SUA PROFESSORA E DESENHE OS UTENSÍLIOS QUE AS CRIANÇAS PRECISARAM SEPARAR PARA FAZER A RECEITA.

BOLO DE CENOURA

 40 MINUTOS

 8 PEDAÇOS

INGREDIENTES:

- 3 CENOURAS MÉDIAS RASPADAS E PICADAS

- 3 OVOS

- 1 XÍCARA (DE CHÁ) DE ÓLEO

- 2 XÍCARAS (DE CHÁ) DE AÇÚCAR

- 2 XÍCARAS (DE CHÁ) DE FARINHA DE TRIGO

- 1 COLHER (DE SOPA) DE FERMENTO EM PÓ

MODO DE PREPARO:

BATA TODOS OS INGREDIENTES NO LIQUIDIFICADOR, ACRESCENTANDO A FARINHA AOS POUCOS.

COLOQUE EM UMA ASSADEIRA UNTADA E ENFARINHADA E ASSE EM FORNO MÉDIO (180 °C) POR 40 MINUTOS.

DEPOIS DE TUDO PRONTO, O BOLO FOI PARA O FORNO.

ÀS VEZES, É DURO ESPERAR O BOLO FICAR PRONTO...

QUANTO TEMPO AS CRIANÇAS PRECISARAM ESPERAR?

PARA A HORA DO LANCHE, CONVIDARAM MAIS UMA AMIGA, A BEATRIZ. AJUDE-OS A ARRUMAR A MESA DO LANCHE.

[RECORTE E COLE DA PÁGINA 189 ✂ DESTE LIVRO OS PRATOS E COPOS NECESSÁRIOS. DEPOIS, DESENHE AS CRIANÇAS AO REDOR DA MESA.]

MINHA BRINCADEIRA PREFERIDA

NA ESCOLA DAS CRIANÇAS, A PROFESSORA PROPÔS UMA PESQUISA SOBRE AS BRINCADEIRAS PREFERIDAS DA TURMA.

[QUAL É A SUA BRINCADEIRA PREFERIDA?]

NA TURMA DE IARA, BENJAMIM E HELENA, A BRINCADEIRA MAIS VOTADA FOI AMARELINHA.

[VOCÊ CONHECE ESSA BRINCADEIRA? ELA PODE TER OUTRO NOME NA CIDADE EM QUE VOCÊ MORA. PESQUISE COM SUA TURMA OUTROS NOMES QUE ESSA BRINCADEIRA RECEBE NO BRASIL E LISTE-OS AQUI.]

VOCÊ REPAROU QUE NOS DESENHOS DE AMARELINHAS A SEGUIR ESTÃO FALTANDO OS NÚMEROS? ESCREVA OS NÚMEROS NELAS.

HISTÓRIAS QUE GOSTO DE OUVIR

UMA VEZ POR MÊS, A ESCOLA DE BENJAMIM, HELENA E IARA CONVIDA AS CRIANÇAS A ESCOLHEREM UMA HISTÓRIA PARA OUVIR NAS SESSÕES SIMULTÂNEAS DE LEITURA.

NO DIA DAS SESSÕES, CADA CRIANÇA SE REÚNE COM OUTRAS QUE QUEREM OUVIR A MESMA HISTÓRIA E ACOMPANHA A LEITURA FEITA POR UM PROFESSOR, QUE, MUITAS VEZES, NÃO É O MESMO COM QUEM ELA TEM CONTATO TODOS OS DIAS.

DE VOLTA À SALA DE AULA AS CRIANÇAS CONTAM PARA OS COLEGAS SOBRE AS HISTÓRIAS QUE ESCUTARAM E, NESSA HORA, MUITAS VEZES SURGE A VONTADE DE ESCUTAR A LEITURA DE OUTRO LIVRO. MAS TUDO BEM, TODOS PODEM ESCOLHER NOVAS HISTÓRIAS NA PRÓXIMA VEZ!

VEJA A SEGUIR AS HISTÓRIAS QUE BENJAMIM, HELENA E IARA ESCOLHERAM DESTA VEZ. LEIA AS SINOPSES E VEJA QUAL VOCÊ ESCOLHERIA.

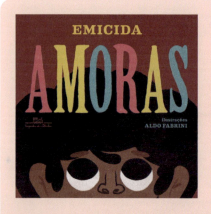

TÍTULO: AMORAS

AUTOR: EMICIDA

ILUSTRAÇÕES: ALDO FABRINI

EDITORA: COMPANHIA DAS LETRAS

ANO: 2019

NESTE LIVRO, COM BELAS ILUSTRAÇÕES DE ALDO FABRINI, O POETA E RAPPER EMICIDA APRESENTA A MÚSICA "AMORAS", QUE FEZ PARA SUA FILHA PEQUENA, SOBRE A IMPORTÂNCIA DE NOS RECONHECERMOS NO MUNDO E NOS ORGULHARMOS DE QUEM SOMOS — DESDE CRIANÇAS E PARA SEMPRE.

TÍTULO: TODOS ELES VIRAM O GATO

AUTOR E ILUSTRADOR: BRENDAN WENZEL

EDITORA: PUBLIFOLHINHA

ANO: 2016

O GATO PASSEAVA PELO MUNDO, COM SEUS BIGODES, ORELHAS E PATAS... E O GAROTO VIU UM GATO, E O CACHORRO VIU UM GATO, E A RAPOSA VIU UM GATO. SIM, TODOS ELES VIRAM O GATO.

NESTE BELÍSSIMO LIVRO ILUSTRADO, BRENDAN WENZEL MOSTRA COMO UM MESMO GATO SE MODIFICA DE ACORDO COM O PONTO DE VISTA E OS SENTIMENTOS DE QUEM O VÊ.

TÍTULO: LIMERIQUES DO BÍPEDE APAIXONADO

AUTORA: TATIANA BELINKY

ILUSTRADOR: ANDRÉS SANDOVAL

EDITORA: EDITORA 34

ANO: 2001

AS AVENTURAS DE UM MENINO APAIXONADO QUE SE DISFARÇA DE DIFERENTES BICHOS PARA ATRAIR A ATENÇÃO DE SUA AMADA SÃO GRACIOSAMENTE APRESENTADAS AO LEITOR NOS LIMERIQUES CRIADOS POR TATIANA BELINKY E ILUSTRADOS POR ANDRÉS SANDOVAL. AS CARACTERÍSTICAS DE CADA ANIMAL, SOB CUJA PELE O MENINO SE EXIBE EM SUAS TENTATIVAS DE CONQUISTA, TORNAM-SE ENGRAÇADAS E INTENCIONALMENTE EXAGERADAS, COMO É PRÓPRIO DO ESTADO APAIXONADO. O TRAÇO LEVE DOS DESENHOS DE SANDOVAL, CHEIOS DE DETALHES, E A ESCOLHA DA FONTE REBUSCADA NA IMPRESSÃO DO TEXTO LEMBRAM OS BILHETES ROMÂNTICOS, ESCRITOS DE PRÓPRIO PUNHO. TEXTO E ILUSTRAÇÃO SÃO INDISSOCIÁVEIS NESTE LIVRO E DEIXAM NO LEITOR A VONTADE DE LER E RELER, VER E REVER, COMO ACONTECE QUANDO SE RECEBE UMA DECLARAÇÃO DE AMOR.

BENJAMIM, HELENA E IARA ESCREVERAM UMA INDICAÇÃO LITERÁRIA FALANDO DE SUAS HISTÓRIAS PREFERIDAS PARA OS COLEGAS.

BENJAMIM

CHAPEUZINHO AMARELO, DE CHICO BUARQUE

EU GOSTEI QUANDO A CHAPEUZINHO FICA FALANDO ASSIM LOBOLOBOLOBO PORQUE ELA NÃO TEM MAIS MEDO DELE. GOSTEI QUANDO O LOBO GRITA BEM FORTE — EU SOU UM LOBO!

HELENA

TEM UM TIGRE NO JARDIM, DE LIZZY STEWART

EU GOSTO DA HISTÓRIA DO TIGRE PORQUE ELE É MEU ANIMAL PREDILETO E NO LIVRO TEM MUITAS AVENTURAS COM O TIGRE, A NORA E A VOVÓ DA NORA. NAS ILUSTRAÇÕES TEM SURPRESAS PARA DESCOBRIR. E VOCÊ NÃO VAI ACREDITAR NO FINAL.

IARA

O FLAUTISTA DE HAMELIN, DOS IRMÃOS GRIMM

EU GOSTEI DESSA HISTÓRIA EM QUE UM MONTE DE RATOS INVADE UMA CIDADE, HAMELIN. EU ASSISTI UMA PEÇA DO FURUMFUMFUM E ADOREI. DEPOIS, GANHEI O LIVRO E LI VÁRIAS VEZES! MINHA AVÓ TAMBÉM LIA ESSA HISTÓRIA QUANDO ERA PEQUENA, ELA ME MOSTROU O LIVRO QUE ELA LIA E TEM ATÉ HOJE.

E SUA HISTÓRIA PREFERIDA, QUAL É?

QUE TAL ESCREVER, JUNTO COM A SUA TURMA, UMA INDICAÇÃO LITERÁRIA? VOCÊS PODEM DITAR PARA UM ADULTO E DEPOIS REGISTRAR.

FAÇA UMA ILUSTRAÇÃO PARA A HISTÓRIA.

CANÇÃO DE QUE MAIS GOSTO

BENJAMIM, IARA E HELENA CONHECEM VÁRIAS MÚSICAS E GOSTAM DE CANTAR COM SEUS COLEGAS DA ESCOLA.

[QUE TAL CANTAR COM ELES, TAMBÉM?]

SAPO-CURURU

SAPO-CURURU
NA BEIRA DO RIO
QUANDO O SAPO CANTA,
Ó MANINHA,
É QUE ESTÁ COM FRIO

A MULHER DO SAPO
DEVE ESTAR LÁ DENTRO
FAZENDO RENDINHA,
Ó MANINHA,
PARA O CASAMENTO

ALECRIM

ALECRIM, ALECRIM DOURADO
QUE NASCEU NO CAMPO
SEM SER SEMEADO
ALECRIM, ALECRIM DOURADO
QUE NASCEU NO CAMPO
SEM SER SEMEADO

FOI MEU AMOR
QUE ME DISSE ASSIM
QUE A FLOR DO CAMPO É O ALECRIM
FOI MEU AMOR
QUE ME DISSE ASSIM
QUE A FLOR DO CAMPO É O ALECRIM

[VOCÊ PERCEBEU QUE HÁ RIMAS NESSAS CANÇÕES?
MARQUE DUAS PALAVRAS QUE RIMAM EM UMA DAS CANÇÕES.]

EU FUI NO ITORORÓ

EU FUI NO ITORORÓ,
BEBER ÁGUA E NÃO ACHEI.
ACHEI BELA MORENA,
QUE NO ITORORÓ DEIXEI.

APROVEITA MINHA GENTE
QUE UMA NOITE NÃO É NADA.
SE NÃO DORMIR AGORA,
DORMIRÁ DE MADRUGADA.

Ó, MARIAZINHA, Ó, MARIAZINHA,
ENTRARÁS NA RODA E FICARÁS SOZINHA.
SOZINHA EU NÃO FICO, NEM HEI DE FICAR,
PORQUE TENHO O FULANO* PARA SER MEU PAR.

TIRA, TIRA, O SEU PEZINHO,
BOTA AQUI AO PÉ DO MEU,
E DEPOIS NÃO VÁ DIZER
QUE VOCÊ SE ARREPENDEU.

VOCÊ CONSEGUIU ENCONTRAR AS RIMAS DA CANÇÃO QUE ESTÁ NESTA PÁGINA? ESCREVA ABAIXO DUAS PALAVRAS QUE RIMAM NA CANÇÃO.

"FERNANDO SÉTIMO" É UMA MÚSICA MUITO DIVERTIDA, PORQUE A CADA ESTROFE AS PALAVRAS VÃO SE MODIFICANDO. OUÇA A MÚSICA PARA VER O QUE ACONTECE.

QUANDO FERNANDO SÉTIMO USAVA PALETÓ
QUANDO FERNANDO SÉTIMO USAVA PALETÓ
QUANDO FERNANDO SÉTIMO USAVA PALETÓ
Á! USAVA PALETÓ

QUAL É A SUA MÚSICA PREFERIDA?

GLOSSÁRIO

ABACATE: É UMA FRUTA GRANDE, DE COR VERDE, QUE NASCE EM UMA ÁRVORE ALTA DE NOME ABACATEIRO. PODE SER COMIDA COM AÇÚCAR, BATIDA COM LEITE PARA FAZER UMA VITAMINA E EM SALADAS. O CAROÇO DO ABACATE É A SEMENTE DO ABACATEIRO.

ABACAXI: NASCE NO MEIO DE FOLHAS COM SEIVA E ESPINHOS PLANTADOS NO CHÃO, EM LUGARES COM MUITO SOL E CHUVA. QUANDO MADURO E BEM AMARELO, TEM UM SABOR DOCE E AZEDO. ABACAXI FATIADO OU EM SUCO É MUITO BOM.

LARANJA: TODA LARANJA NASCE DE UMA LARANJEIRA. HÁ VÁRIOS TIPOS DE LARANJA, COMO LARANJA-PERA, LARANJA-BAHIA, LARANJA-LIMA. UMAS MAIS DOCES, OUTRAS, MAIS AZEDAS, MAS TODAS SÃO MUITO BOAS PARA FAZER SUCOS. CADA CAROÇO DE UMA LARANJA É UMA SEMENTE.

MEXERICA: EM CADA REGIÃO DO BRASIL RECEBE UM NOME DIFERENTE: BERGAMOTA NO SUL, LARANJA CRAVO EM PERNAMBUCO, TANGERINA NA BAHIA. E TEM TAMBÉM PONCÃ, QUE É O TIPO JAPONÊS. NO SUDESTE. DESCASCAMOS A MEXERICA COM A MÃO E COMEMOS SEUS GOMOS.

PITANGA: É O FRUTO DA PITANGUEIRA. VERMELHINHA, TEM UM CAROÇO DENTRO, QUE É A SEMENTE DA ÁRVORE DE ONDE VEM. QUANDO ESTÁ MADURA, É DOCINHA E CAI NO CHÃO. É BOM COLOCAR UM PANO EMBAIXO DE PITANGUEIRAS PARA NÃO PERDER NENHUM DOS FRUTOS.

TEMPO, TEMPO

AMANHÃ... AMANHÃ NUNCA CHEGA

CERTA VEZ, EM UMA LOJA DE BRINQUEDOS, UMA CRIANÇA DE SEUS 3 ANOS VIU UM LINDO CASTELO E O PEDIU PARA SUA MÃE COMO PRESENTE. A MÃE RESPONDEU:

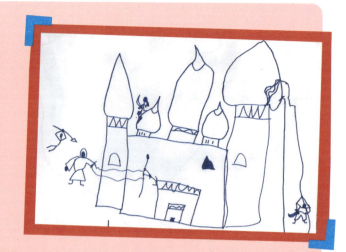

– VOCÊ VAI GANHAR UM CASTELO COMO ESSE NO DIA EM QUE VOCÊ JOGAR FORA SUA CHUPETA.

O MENINO RESPONDEU:

– EU VOU JOGAR AMANHÃ. AMANHÃ EU JOGO.

QUANDO A MÃE SE AFASTOU PARA PAGAR SUA COMPRA, O MENINO CONTINUOU REFLETINDO E DIZENDO, EM VOZ ALTA:

– AMANHÃ, AMANHÃ NUNCA CHEGA.

CONVERSA SOBRE O AMANHÃ

E VOCÊ, O QUE PENSA SOBRE O AMANHÃ? SERÁ QUE ELE NUNCA CHEGA? POR QUE VOCÊ ACHA QUE O MENINO DA HISTÓRIA DISSE QUE O AMANHÃ NUNCA CHEGA?

DIFERENTES MANEIRAS DE ACOMPANHAR A PASSAGEM DO TEMPO

EXISTEM MUITAS FORMAS DE ACOMPANHAR A PASSAGEM DO TEMPO. USAMOS O RELÓGIO PARA SABER QUANTO TEMPO JÁ SE PASSOU EM UM DIA, E O CALENDÁRIO PARA ACOMPANHAR A PASSAGEM DO TEMPO PELAS SEMANAS E PELOS MESES.

NA SUA SALA TEM UM RELÓGIO? VOCÊ SABE PARA QUE ELE SERVE? VOCÊ CONSEGUE DESCOBRIR O HORÁRIO OLHANDO PARA ELE?

[DESENHE UM RELÓGIO AQUI.

[PROCURE NA SUA CASA POR ALGUM TIPO DE CALENDÁRIO E OBSERVE COMO AS PESSOAS USAM O CALENDÁRIO. REGISTRE AQUI O QUE VOCÊ DESCOBRIU.]

HELENA USOU UM CALENDÁRIO MENSAL PARA MARCAR AS DATAS IMPORTANTES PARA ELA.

VEJA, AO LADO, COMO FICOU.

O ANIVERSÁRIO DA HELENA É DIA 18, O QUE ELA MARCOU NESSE DIA? O QUE MAIS ESTÁ MARCADO NO CALENDÁRIO DELA?

ALGUMAS CRIANÇAS USAM O CALENDÁRIO PARA MARCAR COMO ESTÁ O CLIMA DO DIA. O QUE VOCÊ ACHA QUE A CRIANÇA QUIS INDICAR COM SUAS MARCAÇÕES NO CALENDÁRIO ABAIXO?

PARA CONHECER MELHOR SEUS COLEGAS, VAMOS PESQUISAR EM QUE DIA ELES FAZEM ANIVERSÁRIO? ANOTE AQUI O ANIVERSÁRIO DE 4 COLEGAS.

NOME:

DATA:

NOME:

DATA:

NOME:

DATA:

NOME:

DATA:

FEVEREIRO É TEMPO DE MARACATU EM PERNAMBUCO.

LOGO CEDO O SOM DOS CHOCALHOS ANUNCIA QUE OS CABOCLOS DE LANÇA CHEGARAM PARA A FOLIA.

MARACATU

O MARACATU FAZ PARTE DO NOSSO FOLCLORE. EXISTEM DOIS TIPOS DE MARACATU: O MARACATU NAÇÃO E O MARACATU RURAL.

HÁ MAIS DE 300 ANOS, NO MÊS DE FEVEREIRO, TRABALHADORES RURAIS DO INTERIOR DE PERNAMBUCO SE VESTEM DE PERSONAGENS DIVERSOS PARA BRINCAR O MARACATU.

NA SUA CIDADE ACONTECEM FESTAS E COMEMORAÇÕES? EM QUAIS DATAS? ANOTE O NOME E O DIA DA FESTA MAIS IMPORTANTE PARA VOCÊ.

NOME:

DATA:

VOCÊ CONHECE A PARLENDA "HOJE É DOMINGO"? LEIA A PARLENDA EM VOZ ALTA PARA DECORÁ-LA.

HOJE É DOMINGO

HOJE É DOMINGO,

PÉ DE CACHIMBO.

CACHIMBO É DE BARRO,

BATE NO JARRO.

JARRO É DE OURO,

BATE NO TOURO.

O TOURO É VALENTE,

MACHUCA A GENTE.

A GENTE É FRACO,

CAI NO BURACO.

BURACO É FUNDO,

ACABOU-SE O MUNDO.

IARA DIZ QUE É BOA DE RIMA, E VOCÊ? QUANTAS RIMAS VOCÊ CONSEGUE ENCONTRAR NESTA PARLENDA?

PESQUISE EM UM CALENDÁRIO QUAIS DIAS SERÃO DOMINGO NESTE MÊS. ANOTE AQUI.

IRENE FAZ ANIVERSÁRIO DIA VINTE E TRÊS DE ABRIL. QUAL DESTES NÚMEROS É O DIA DO ANIVERSÁRIO DELA?

203   **13**   **23**   **32**

IRENE FEZ UM CALENDÁRIO, MAS ALGUNS NÚMEROS SE APAGARAM. COMPLETE-O COM OS NÚMEROS QUE ESTÃO FALTANDO.

ABRIL – 2020						
DOMINGO	SEGUNDA	TERÇA	QUARTA	QUINTA	SEXTA	SÁBADO
			1	2	3	
5		7	8		10	
12	13	14		16	17	
19		21	22		24	
26		28	29	30		

GLOSSÁRIO

RELÓGIO: É UM INSTRUMENTO INVENTADO PELO HOMEM PARA MEDIR O TEMPO. HÁ MUITOS TIPOS DE RELÓGIOS, COMO OS RELÓGIOS COM CUCO ANUNCIANDO AS HORAS. HOJE, USAMOS MOSTRADORES COM NÚMEROS E PONTEIROS OU DIGITAIS.

SOL: TAMBÉM CHAMADO DE ASTRO-REI, É A ESTRELA CENTRAL DO SISTEMA SOLAR E EMITE CALOR SUFICIENTE PARA NOS AQUECER. A DISTÂNCIA DA TERRA AO SOL É DE CERCA DE 150.000.000 DE QUILÔMETROS. O SOL REGE O CLIMA NA TERRA.

TERRA: É O TERCEIRO PLANETA MAIS PRÓXIMO DO SOL. A TERRA LEVA 365 DIAS (1 ANO) PARA FAZER UMA VOLTA COMPLETA EM TORNO DO SOL. É O ÚNICO PLANETA ONDE SE CONHECE A EXISTÊNCIA DE SERES VIVOS. TEM MAIS ÁGUA QUE SOLO.

LUA: É O NOSSO SATÉLITE NATURAL E GIRA EM TORNO DA TERRA COMO A TERRA GIRA EM TORNO DO SOL. VEMOS SEMPRE O MESMO LADO DA LUA, AINDA QUE EM QUATRO FASES DIFERENTES EM CADA MÊS. ELA É ILUMINADA PELO SOL.

SISTEMA SOLAR: FICA NO BRAÇO DE ÓRION, ONDE VEMOS AS TRÊS MARIAS EM NOSSA GALÁXIA, A VIA LÁCTEA. É O CONJUNTO FORMADO PELO SOL E OS PLANETAS QUE GIRAM EM TORNO DO ASTRO-REI, A ESTRELA CENTRAL DO SISTEMA.

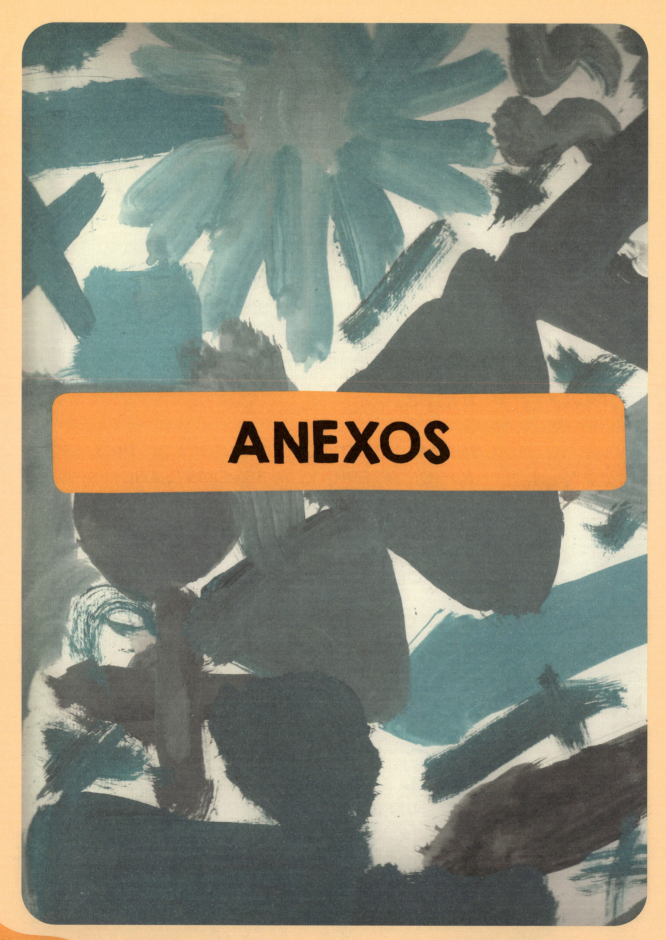

ANEXOS

Animais com  A

ACAUÃ

ALBATROZ

ALCE

ALPACA

ANDORINHA

ANTA

ARARA

AVESTRUZ

Animais com B

BABUÍNO

BALEIA

BEIJA-FLOR

BESOURO

BODE

BISONTE

BORBOLETA

BÚFALO

Animais com

CACHORRO

CAVALO

CAVALO-MARINHO

CEGONHA

CISNE

CARCARÁ

COELHO

CORUJA

CARAMUJO

Animais com D

DAMÃO

DIABO-DA-TASMÂNIA

DINGO

DODÔ

DRAGÃO-DE-KOMODO

DRONGO

DROMEDÁRIO

DUGONGO

Animais com  E

ELEFANTE

ELEFANTE-MARINHO

ENGUIA

ÉQUIDNA

ESCARAVELHO

ESQUILO

ESTORNINHO

ESTRELA-DO-MAR

Animais com F

FALCÃO

FENECO

FLAMINGO

FOCA

FORMIGA

FUINHA

FURA-PASTOS

FURÃO

Animais com G

GAIVOTA

GATO

GIRAFA

GOLFINHO

GORILA

GUARÁ

GUANACO

GUEPARDO

Animais com

HADOQUE

HAMSTER

HIENA

[DESENHE UM **HIPOPÓTAMO** NA IMAGEM A SEGUIR.]

Animais com I

IAQUE

ÍBEX

IGUANA

IMPALA

INDRI

IRARA

IRERÊ

Animais com

JABUTI

JACARÉ

JACU

JARARACA

JAVALI

JEGUE

JOANINHA

JOÃO-DE-BARRO

Animais com K

KAKAPO

KEA

KINGUIO

[DESENHE UM **KINGUIO** NA ÁGUA COM OUTROS PEIXES.]

Animais com  L

LAGARTIXA

LEÃO

LEÃO-MARINHO

LÊMURE

LEOPARDO

LHAMA

LINCE

LOBO

Animais com  M

MANDRIL

MARACANÃ

MARIMBONDO

MARMOTA

MARTIM-PESCADOR

MORCEGO

MOCÓ

MORSA

Animais com

NAJA

NARVAL

NÁUTILO

NEON

NOIVINHA

NUMBAT

Animais com

OCAPI

ORANGOTANGO

ORCA

ORNITORRINCO

OSTRA

OURIÇO

OURIÇO-DO-MAR

OVELHA

Animais com

PACA

PANDA

PAPAGAIO

PATO

PELICANO

PINGUIM

POLVO

PORCO

Animais com

QUATIPURU

QUEIXADA

QUEM-TE-VESTIU

QUETZAL

QUIMERA

QUIRIQUIRI

QUIRQUINCHO

Animais com R

RÃ

RABO-DE-ARAME

RAPOSA

RÊMORA

RENA

RINOCERONTE

ROLINHA

ROUXINOL

Animais com S

SAGUI

SALAMANDRA

SANHAÇO

SAÚVA

SERIEMA

SIRI

SUCURI

SURICATO

Animais com T

TALHA-MAR

TAMANDUÁ

TAMBAQUI

TARTARUGA

TIGRE

TOUPEIRA

TUBARÃO

TUCANO

Animais com U

UÍ-PI

URUBARANA

URSO

URUBU

URUTAU

URUTU

Animais com V

VACA

VAGA-LUME

VERDILHÃO

VICUNHA

VISON

VIÚVA-NEGRA

Animais com

WALLABY

Animais com X

XAJÁ

XARÉU

XIRÁ

Animais com  Y

YNAMBU

Animais com Z

ZANGÃO

ZARAGATEIRO

ZEBRA

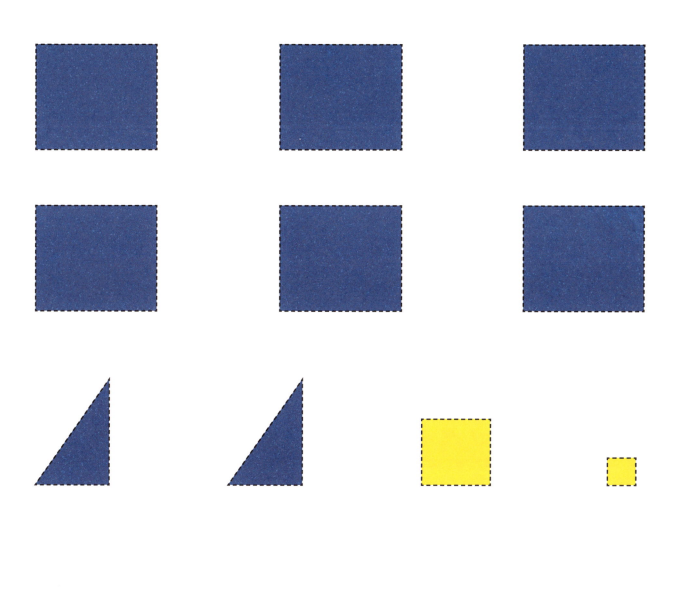

DESENHO:

NOME:

ALTURA:

CIRCUNFERÊNCIA:

DESENHO:

NOME:

ALTURA:

CIRCUNFERÊNCIA:

DESENHO:

NOME:

ALTURA:

CIRCUNFERÊNCIA:

DESENHO:

NOME:

ALTURA:

CIRCUNFERÊNCIA:

DESENHO:

NOME:

ALTURA:

CIRCUNFERÊNCIA:

DESENHO:

NOME:

ALTURA:

CIRCUNFERÊNCIA:

DESENHO:

NOME:

ALTURA:

CIRCUNFERÊNCIA:

DESENHO:

NOME:

ALTURA:

CIRCUNFERÊNCIA:

188

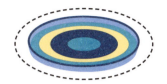

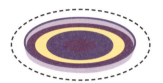
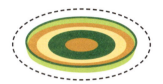

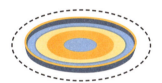
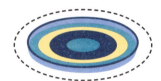

Créditos das imagens

UNIDADE 1: p. 6, 7 - Cassandra Cury/Shutterstock. p. 10 - Acari: Kevin O'Connel/Wikimedia Commons. Ariranha: Renaud d'Avout d'Auerstaedt/Wikimedia Commons. p. 11 - Nortondefeis/Wikimedia Commons. p. 12 - Cervo-do-pantanal: Jonathan Wilkins/Wikimedia Commons. Cuíca-verdadeira: Naturalselection/Wikimedia Commons. p. 13 - Keven Law/Wikimedia Commons. p. 14 - Ema: Quartl/Wikimedia Commons. p. 14 - Escorpião-do-nordeste: Hjalmar Turesson/Wikimedia Commons. p. 15 - Dario Sanches/Wikimedia Commons. p. 16 - Garça-da-caatinga: Dick Daniels/Wikimedia Commons. Gato-palheiro: Jairmoreirafotografia/Wikimedia Commons. p. 17 - Guilherme Jofili/Wikimedia Commons. p. 18 - Iguanara: Ryskas/Wikimedia Commons. Inhambu: Dario Sanches/Wikimedia Commons. p. 19 - Jaguatirica: João Carlos Medau/Wikimedia Commons. p. 20 - Lobinho-do-pantanal: Bernard Dupont/Wikimedia Commons. Lobo-guará: Ferrarezi Jr./Wikimedia Commons. p. 21 - Miguelrangeljr/Wikimedia Commons. p. 22 - Gzen92/Wikimedia Commons. p. 23 - Onça-parda: Greg Hume/Wikimedia Commons. Onça-pintada: Charles J. Sharp/Wikimedia Commons p. 24 - Tomfriedel/Wikimedia Commons p. 25 - Quati: Cibele Brugnera/Wikimedia Commons. Quero-quero: Adrian198cm/Wikimedia Commons. p. 26 - Anderson Bueno Martins/Wikimedia Commons p. 27 - Sabiá-laranjeira: Dario Sanches/Wikimedia Commons. Sapo-cururu: Alex Popvkin/Wikimedia Commons. p. 28 - IQRemix/Wikimedia Commons. p. 29 - Uirapuru: Hector Bottai/Wikimedia Commons. Urubu-rei: Eric Kilby/Wikimedia Commons. p. 30 - Veado-campeiro: Nortondefeis/Wikimedia Commons. Viuvinha: Dario Sanches/Wikimedia Commons. p. 31 - Michael Bowman/Wikimedia Commons. p. 32 - Zabelê: Hector Bottai/Wikimedia Commons. Zorrilho: Inao Vásquez/Wikimedia Commons. p. 33 - Mamíferos: Christopher Carson/Unsplash. Aves: Zdeněk Macháček/Unsplash. Répteis: Matthew Essman/Unsplash. Anfíbios: Zdeněk Macháček/Unsplash. Peixes: Rachel Hisko/Unsplash.

UNIDADE 2: P. 34, 35 - Acervo das autoras. p. 36, 38 - Desenho de Sabrinna, 5 anos, Creche Casa do Aprender, professora Fabiane Rodrigues. p. 40 - Desenho de Sabrinna, 5 anos, Creche Casa do Aprender, professora Fabiane Rodrigues. Fotografia de Claudio Dorea Guedes/Acervo das autoras. p. 42 - Arthur: desenho de Sabrinna, 5 anos, Creche Casa do Aprender, professora Fabiane Rodrigues. Isaías: desenho de Gabriel, 5 anos, Creche Casa do Aprender, professora Fabiane Rodrigues. Rafael: desenho de Letícia, 5 anos, Creche Casa do Aprender, professora Fabiane Rodrigues. Casinhas: Acervo das autoras p. 44 - Arthur: desenho de Sabrinna, 5 anos, Creche Casa do Aprender, professora Fabia-ne Rodrigues. Isaías: desenho de Gabriel, 5 anos, Creche Casa do Aprender, professora Fabiane Rodrigues. Rafael: desenho de Letícia, 5 anos, Creche Casa do Aprender, professora Fabiane Rodrigues. p. 47 - Acervo das autoras. p. 48 - Desenho de Sabrinna, 5 anos: Creche Casa do Aprender, professora Fabiane Rodrigues. Ilustração de Paulo Monteiro/Acervo das autoras. p. 49 - Mesa: Acervo das autoras. Ônibus: Acervo das autoras. Circo: Acervo das autoras. Casa: Acervo das autoras. p. 50 - Alice: Reprodução/Autêntica Editora. Cachorro: Alvan Nee/Unsplash. Formiga: Peter F. Wolf/Unsplash. Rato: Nick Fewings/Unsplash. p. 51 - Alice: Reprodução/Autêntica Editora. Árvore: Acervo das autoras. Casa: Acervo das autoras. Arthur: Desenho de Sabrinna, 5 anos: Creche Casa do Aprender, professora Fabiane Rodrigues. p. 52 - Desenhos de Benjamim/Acervo das autoras. p. 53 - Nome: Desenho de Sabrinna, 5 anos, Creche Casa do Aprender, professora Fabiane Rodrigues. Personagem: Reprodução/Autêntica Editora. Rua: Ilustração de Monique Deheinzelin. Cidade: Acervo das autoras. Poesia: Reprodução.

UNIDADE 3: p. 54, 55 - Acervo das autoras. p. 56 - Iraquitan: Acervo das autoras. Arthur: desenho de Sabrinna, 5 anos, Creche Casa do Aprender, professora Fabiane Rodrigues. Pedras: Deniz Altindas/Unsplash. p. 58-61 - Acervo das autoras. p. 60-61 - Acervo das autoras p. 62 - Torre Eiffel: George Zvanelli/Unsplash. Torre Japonesa: Hien Nguyen/Unsplash. Torre de Pisa: Paul Postema/Unsplash. p. 64 - Areia: Pixabay. Terra: Pixabay. Grama: Acervo das autoras. Tapete: Freepik. Esteira: Freepik. p. 65 - Shutterstock. p. 66 - Reprodução. p. 67, 68, 69 - Acervo das autoras. p. 71 - Pedra: Deniz Altindas/Unsplash. Graveto: Acervo das autoras. Lata: Acervo das autoras. Pote: Acervo das autoras. Torre: George Zvanelli/Unsplash.

UNIDADE 4: p. 72-78 - Acervo das autoras. p. 79 - macrovector/Freepik. p. 81 - Acervo das autoras. p. 82 - Alsmu/Wikimedia Commons. p. 83 - Jain Miniature/Wikimedia Commons. p. 85 - Mapa: Raphael Lorenzeto de Abreu / Wikimedia Commons. Fotografias: Acervo das autoras. p. 86-88 - Acervo das autoras. p. 89 - Jogo: Acervo das autoras. Jogadores: Desenho de Sabrinna, 5 anos, Creche Casa do Aprender, professora Fabiane Rodrigues. Dado: Freepik. Caminho: Acervo das autoras. Peão: Freepik.

UNIDADE 5: p. 90, 91 - Acervo das autoras. p. 92, 93 - OGPTB. p. 94 - Mangueira/tronco: Atamari/Wikimedia Commons. Mangueira/folha: Forest & Kim Starr/Wikimedia Commons. Pau-brasil/tronco: Daderot/Wikimedia Commons. Pau-brasil/folha: Filipe231c/Wikimedia Commons. Goiabeira/tronco: Denis A. C. Conrado/Wikimedia Commons. Goiabeira/folha: PumpkinSky/Wikimedia Commons. Ilus-tração ticuna: OGPTB. p. 96 - Fotografia: © The Board of Trustees of the Royal Botanic Gardens, Kew. Bananeiras e Mata: © RBG KEW. p. 97 - Desenho: OGPTB. Pintura: © RBG KEW. p. 98 - Fernando Cunha/Wikimedia Commons. p. 99 - Acervo das autoras. p. 100 - OGPTB. p. 101 - Caverna de Lascaux: © Ministère de la Culture/Centre National de la Préhistoire/Norbert Aujoulat. Caverna de Chauvet: Jean-François Pachoud (000_Par7907925) © AFP 2014. Parque Nacional da Serra da Capivara: Vitor 1234/Wikimedia Commons. p. 102 - Monique Deheinzelin, No Sítio Antares, fragmento, pastel seco sobre papel, 2004/Acervo de Monique Deheinzelin. p. 103 - Monique Deheinzelin, Nuvens, acrílica sobre papel, 2020/ Acervo de Monique Deheinzelin. p. 104 - Monique Deheinzelin, Árvore, acrílica sobre papel, 2020/ Acervo de Monique Deheinzelin. p. 105 - Flores: Freepik. Frutas: Fotografia de Claudio Dorea Guedes/Acervo das autoras. Árvore: Freepik. Floresta: Freepik. Cavernas: Ksenia Kudelkina/Unsplash.

UNIDADE 6: p. 106-109 - Acervo das autoras. p. 110 - Texturas: Acervo das autoras. Textura metálica: Freepik. p. 111-114 - Acervo das autoras. p. 115 - Monique Deheinzelin, Fernando Lê, acrílica sobre tela, 2017/ Acervo de Monique Deheinzelin. Monique Deheinzelin, O sofá azul turquesa, acrílica sobre tela, 2019/Acervo de Monique Deheinzelin. p. 116 - Cadeira rosa e pintura: Monique Deheinzelin/Acervo das Autoras. Poltrona: Acervo das autoras. p. 117 - Pintura de Benjamim /Acervo das autoras. p. 118 - Adélia Bitencourt, Veado, 1998/Acervo de Monique Deheinzelin. Gerda Brentani, Besouro, 1968/Acervo de Monique Deheinzelin. p. 119 - Gerda Brentani, Peixe baiacu, 1968/Acervo de Monique Deheinzelin. Gerda Brentani, Formiga saúva, 1968/ Acervo de Monique Deheinzelin. p. 120 - Monique Deheinzelin, Mimosa, acrílica sobre tela, 2014/Acervo de Monique Deheinzelin. p. 121 - Monique Deheinzelin, Urso, acrílica sobre tela, 1999/Acervo de Monique Deheinzelin. p. 122 - wavebreakmedia/Shutterstock. p. 123 - brian.gratwicke/Wikimedia Commons. p. 124 - Reprodução. p. 125 - Cores primárias: Acervo das autoras. Vermelhos: Acervo das autoras. Verdes: Acervo das autoras. Texturas: Acervo das autoras. Rodas: wavebreakmedia/Shutterstock.

UNIDADE 7: p. 126-128 - Acervo das autoras. p. 129 - Pintura: Monique Deheinzelin, Cesta da Chapeuzinho Vermelho, acrílica sobre papel, 1997/Acervo de Monique Deheinzelin. Fotografia: Acervo das autoras. p. 132, 133 - Acervo das autoras. p. 134-137 - Ilustrações de Monique Deheinzelin. p. 138 - Fotografia: Monkey Business Images/Shutterstock. Amoras: Divulgação/Companhia das Letras. p. 139 - Todos eles viram o gato: Divulgação/Publifolhinha. Limeriques do bípede apaixonado: Divulgação/Editora 34. p. 140 - Chapeuzinho Amarelo: Divulgação/Yellowfante. Benjamin: Acervo das autoras. Tem um tigre no jardim: Divulgação/Salamandra. Helena: Acervo das autoras. O flautista de Hamelin: Divulgação/Editora 34. Iara: Acervo das autoras. p. 143 - Emilio Pechini/Wikimedia Commons. p. 144 - Anne S.K. Brown Military Collection, Brown University Library. p. 145 - Acervo das autoras.

UNIDADE 8: p. 146, 147 - Monique Deheinzelin/Acervo das autoras. p. 148 - Acervo das autoras. p. 149 – Fotografia: EMEB Sylvia Delai Villa Rios, professora Daniele Cristina Parolin. Desenho: Acervo das autoras. p. 150 - Acervo das autoras. EMEB Gessia Peixe de Moura Hildebrand, professora Luciana Alves da Cunha de Godoy. p. 151 - Acervo das autoras. p. 152 - Prefeitura de Olinda/Wikimedia Commons. p. 153 - Acervo das autoras. p. 155 - Relógio: Acervo das autoras. Sol, Terra, Lua, Sistema solar: Reprodução/NASA.

ANEXO: p. 156 - Pintura de Samuel/Acervo das autoras. p. 157 - Acauã: panza-rayada/Wikimedia Commons. Albatroz: Mark Jobling/Wikimedia Commons. Alce: USDA Forest Service/Wikimedia Commons. Alpaca: Brian0918/Wikimedia Commons. Andorinha: Wikimedia Commons. Anta: Wolves201/Wikimedia Commons. Arara: Sergio Cavalcanti/Unsplash. Avestruz: Nicor/Wikimedia Commons. p. 158 - Babuíno: Muhammad Mahdi Karim/Wikimedia Commons. Baleia: Pixabay. Beija-flor: James Wainscoat/Unsplash. Besouro: Krzysztof Niewolny/Unsplash. Bode: Peter Neumann/Wikimedia Commons. Bisonte: Jack Dykinga/Wikimedia Commons. Borboleta: Anne Lambeck/Unsplash. Búfalo: Birger Strahl/Unsplash. p. 159 - Cachorro: Martin May/Unsplash. Cavalo: Acervo das autoras. Cavalo-marinho: David Clode/Unsplash. Cegonha: William Luibrand/Unsplash. Cisne: Thomas Millot/Unsplash. Carcará: GildasioOliveira/Wikimedia Commons. Coelho: Gavin Allanwood/Unsplash. Coruja: Acervo das autoras. Caramujo: Zdeněk Macháček/Unsplash. p. 160 - Damão: Hans Hillewaert/Wikimedia Commons. Diabo-da-Tasmânia: Mathias Appel/Wikimedia Commons. Dingo: David Clode/Unsplash. Dodô: Jebulon/Wikimedia Commons. Dragão-de-Komodo: Joshua J. Cotten/Unsplash. Drongo: Sanika V/Unsplash. Dromedário: Jennifer Feuchter/Flickr. Dugongo: Julien Willem/Wikimedia Commons. p. 161 - Elefante: Keyur Nandaniya/Unsplash. Elefante-marinho: Anchor Lee/Unsplash. Enguia: Ffish.asia/Wikimedia Commons. Équidna: Klomiz/Flickr. Escaravelho: Geoff Gallice/Wikimedia Commons. Esquilo: Shane Young/Unsplash. Estorninho: PierreSelim/Wikimedia Commons. Estrela-do-mar: David Clode/Unsplash. p. 162 - Falcão: Joe deSousa/Unsplash. Feneco: eman/Wikimedia Commons. Flamingo: Alejandro Contreras/Unsplash. Foca: Yuriy Rzhemovskiy/Unsplash. Formiga: Peter F. Wolf/Unsplash. Fuinha: Junger Steinmarder/Flickr. Fura-pastos: Bernard DUPONT/Wikimedia Commons. Furão: Pixabay. p. 163 - Gaivota: Meritt Thomas/Unsplash. Gato: Charis Gegelman/Unsplash. Girafa: piera riva/Unsplash. Golfinho: NOAA/Unsplash. Gorila: Amy Reed/Unsplash. Guará: Rafa Esteve/Wikimedia Commons. Guanaco: Alex Proimos/Wikimedia Commons. Guepardo: Dawn W/Unsplash. p. 164 - Hadoque: Steven G. Johnson/Wikimedia Commons. Hamster: Ricky Kharawala/Unsplash. Hiena: jean wimmerlin/Unsplash. Riacho: Jeffrey Eisen/Unsplash. p. 165 - Iaque: Connor Mollison/Unsplash. Íbex: Martouf/Wikimedia Commons. Iguana: Alan Schmierer/Wikimedia Commons. Impala: Ansie Potgieter/Unsplash. Indri: Zigomar/Wikimedia Commons. Irara: Bob Johnson/Wikimedia Commons. Irerê: Richard Bartz/Wikimedia Commons. p. 166 - Jabuti: Flints/Wikimedia Commons. Jacaré: Lisa Yount/Unsplash. Jacu: Randall Ortega Chaves/Wikimedia Commons. Jararaca: Renato Augusto Martins/Wikimedia Commons. Javali: 4028mdk09/Wikimedia Commons. Jegue: Carlos Adampol Galindo/Wikimedia Commons. Joaninha: Dominik Stodulski/Wikimedia Commons. João-de-barro: Dario Sanches/Wikimedia Commons. p. 167 - Kakapo: Department of Conservation of New Zealand/Wikimedia Commons. Kea: Markus Koljonen/Wikimedia Commons. Kinguio: Dat doris/Wikimedia Commons. Piscina: Artem Militonían/Unsplash. p. 168 - Lagartixa: Postdlf/Wikimedia Commons. Leão: Mika Brandt/Unsplash. Leão-Marinho: Freepik. Lêmure: Mathias Appel/Wikimedia Commons. Leopardo: Derek Ramsey/Wikimedia Commons. Lhama: Bethany Zwag/Unsplash. Lince: Mathias Appel/Wikimedia Commons. Lobo: Vincent van Zalinge/Unsplash. p. 169 - Mandril: Katma0601/Wikimedia Commons. Maracanã: Arthur Chapman/Wikimedia Commons. Marimbondo: Dario/Wikimedia Commons. Marmota: Inklein/Wikimedia Commons. Martim-pescador: Fabrice Stoger/Wikimedia Commons. Morcego: James Wainscoat/Unsplash. Mocó: Douglas Iuri Medeiros Cabral/Wikimedia Commons. Morsa: Jerzy Strzelecki/Wikimedia Commons. p. 170 - Naja: Lika Ivanova/Wikimedia Commons. Narval: Gazprom Neft/Wikimedia Commons. Náutilo: A. Thorburn/Wikimedia Commons. Neon: Corpse89/Wikimedia Commons. Noivinha: Dario Niz/Wikimedia Commons. Numbat: Luke Durkin/Wikimedia Commons. P. 171 - Ocapi: Raul654/Wikimedia Commons. Orangotango: Julielangford/Wikimedia Commons. Orca: Robert Pittman/Wikimedia Commons. Ornitorrinco: Brisbane City Council/Wikimedia Commons. Ostra: David Monniaux/Wikimedia Commons. Ouriço: Aconcagua/Wikimedia Commons. Ouriço-do-mar: Rorolinus/Wikimedia Commons. Ovelha: Ethan Kent / Unsplash. p. 172 - Paca: Ronaldo S Couto/Wikimedia Commons. Panda: J. Patrick Fischer/Wikimedia Commons. Papagaio: Humberto Diógenes/Wikimedia Commons. Pato: Zoë Reeve/Unsplash. Pelicano: Danielle Langlois/Wikimedia Commons. Pinguim: Jay Ruzesky/Unsplash. Polvo: albert kok/Wikimedia Commons. Porco: Christopher Carson/Unsplash. p. 173 - Quatipuru: Hernán De Angelis/Wikimedia Commons. Queixada: Ana_Cotta/Wikimedia Commons. Quem-te-vestiu: Dominic Sherony/Wikimedia Commons. Quetzal: Joao Quental/Wikimedia Commons. Quimera: NOAA Photo Library/Wikimedia Commons. Quiriquiri: Greg Hume/Wikimedia Commons. Quirquincho: Guido Valverde/Wikimedia Commons. p. 174 - Rã: Toni Wöhrl/Wikimedia Commons. Rabo-de-arame: Juniorgirotto/Wikimedia Commons. Raposa: Erik Mclean/Unsplash. Rêmora: Wusel007/Wikimedia Commons. Rena: Alexandre Buisse/Wikimedia Commons. Rinoceronte: Hans Stieglitz/Wikimedia Commons. Rolinha: Félix Uribe/Wikimedia Commons. Rouxinol: Carlos Delgado/Wikimedia Commons. p. 175 - Sagui: Filipo Tardim/Wikimedia Commons. Salamandra: Jerzy Opioła/Wikimedia Commons. Sanhaço: Mdf/Wikimedia Commons. Saúva: Alejandro Santillana/Wikimedia Commons. Seriema: Rodrigo Missano/Wikimedia Commons. Siri: MarvinMep/Wikimedia Commons. Sucuri: MKAMPIS/Wikimedia Commons. Suricato: Fir0002/Wikimedia Commons. p. 176 - Talha-Mar: Don Faulkner/Wikimedia Commons. Tamanduá: Nareeta Martin/Unsplash. Tambaqui: Tino Strauss/Wikimedia Commons. Tartaruga: NOAA/Wikimedia Commons. Tigre: A G/Unsplash. Toupeira: Kenneth Catania, Vanderbilt University/Wikimedia Commons. Tubarão: Elias Levy/Wikimedia Commons. Tucano: Julio Cesar R. Lopes/Wikimedia Commons. p. 177 - Uí-pi: Dario Sanches/Wikimedia Commons. Urubarana: Ruff tuff cream puff/Wikimedia Commons. Urso: Mark Basarab/Unsplash. Urubu: Rusty Clark/Wikimedia Commons. Urutau: Allissondias/Wikimedia Commons. Urutu: Cláudio Timm/Wikimedia Commons. p. 178 - Vaca: Acervo das autoras. Vaga-lume: yb_woodstock /Wikimedia Commons. Verdilhão: Francis C. Franklin/Wikimedia Commons. Vicunha: Polimerek/Wikimedia Commons. Vison: qmnonic/Wikimedia Commons. Viúva-negra: Steve Jurvetson/Flickr. p. 179 - Wallaby: Albert Straub/Flickr. Xajá: Murray Foubister/Wikimedia Commons. Xaréu: Robert Aguilar, Smithsonian Environmental Research Center/Flickr. Xirá: Brian Gratwicke/Flickr. P. 180 - Ynambu: Bernard DUPONT/Wikimedia Commons. Zangão: The Packer Lab/Wikipedia Commons. Zaragateiro: Derek Keats/Wikimedia Commons. Zebra: André Karwath/Wikimedia Commons.